Alle Angaben in diesem Buch wurden vom Autor nach bestem Wissen und Gewissen vor Ort sowie im Internet recherchiert. Trotzdem kann keine Gewähr für die Richtigkeit aller Angaben übernommen werden. Insbesondere entlang des Ås till åsleden wie auch im Internet kann es immer auch kurzfristig zu Änderungen kommen. Umleitungen im Gelände sollte daher Vorzug vor den Beschreibungen in diesem Buch gegeben werden.

Nach Abschluss der Recherchearbeit wurde der Ås till åsleden um eine Etappe, von Agusa bis Torparebron, verlängert. Auch der Abschnitt vom Bahnhof in Åstorp bis Tingvalla soll in naher Zukunft markiert werden. Diese Änderungen konnten für dieses Buch leider nicht mehr berücksichtigt werden.

Der Autor übernimmt keine Hafung für Schäden, die während einer Wanderung auf dem Ås till åsleden unter Nutzung dieses Buches entstehen. Letztendlich ist jeder Wanderer für seine eigene Sicherheit verantwortlich. Vielmehr soll dieses Buch einen nützlichen Begleiter auf der Wanderung über den Ås till åsleden darstellen, der auf viele Dinge am Wegesrand, an denen man sonst vielleicht achtlos vorbeigelaufen wäre, aufmerksam macht.

Ein ganz herzlicher Dank geht an Maike und Lya, die mir die Zeit geschenkt haben, zu wandern, zu recherchieren und zu schreiben. Dank sagen möchte ich auch Papa und Jan, die mich auf der Wanderung über den Ås till åsleden begleitet haben. Nicht zuletzt gilt ein großer Dank Frau Sarah Linxweiler, die sich der Covergestaltung angenommen hat.

Björn Langer, Königswinter, im Juni 2014

Kontakt zum Autor:
wanderninschweden@gmx.de
www.wanderninschweden.jimdo.com

Wandern in Schweden

Skåneleden 3: Ås till åsleden

Björn Langer

Bibliografische Information der Deutschen Nationalbibliothek:
Die Deutsche Nationalbibliothek verzeichnet diese Publikation in der Deutschen
Nationalbibliografie; detaillierte bibliografische Daten sind im Internet über http://dnb.dnb.de
abrufbar.

Fotos: Björn Langer
Covergestaltung: Sarah Linxweiler

Herstellung und Verlag: BoD – Books on Demand, Norderstedt

ISBN: 978-3-7357-6011-1

Aussicht in das Tal Klöva hallar (Etappe 2).

Inhaltsverzeichnis

Fernwanderwege in Schweden

Mehr als 16.000 Kilometer Fernwanderwege ziehen sich durch Schweden. Der mit Abstand populärste ist der fast schon legendäre Kungsleden („Königs-Pfad"). Er ist auch der älteste schwedische Fernwanderweg, die Idee stammt bereits aus der Wende vom 19. zum 20. Jahrhundert. Bereits in den 20er Jahren des vorigen Jahrhunderts wurde der nördlichste Streckenabschnitt zwischen Abisko und Kaitumjaure markiert. Heute unterteilt sich der Kungsleden in einen südlichen, 340 Kilometer langen Abschnitt zwischen Sälen und Storlien, sowie einen 440 Kilometer langen Abschnitt mit Beginn in Hemavan, der dann in Abisko endet.

Nur unwesentlich weniger beliebt ist der 160 Kilometer lange Padjelantaleden, der überwiegend durch den gleichnamigen Nationalpark verläuft. Auf mehr als der Hälfte seiner Strecke wird der Padjelantaleden über die gleichen Pfaden wie der immer mehr an Popularität gewinnende grenzüberschreitende Nordkalottleden geführt. Auf insgesamt 800 Kilometern Länge zieht sich dieser durch die Länder Norwegen (380 Kilometer), Schweden (350 Kilometer) und Finnland (70 Kilometer).

Kungsleden, Padjelantaleden und Nordkalottleden schließen an ein dichtes Netz weiterer, weniger bekannter Fernwanderwege oder Wandergebiete im schwedischen Gebirge an. Diese weisen eine überwiegend gute Infrastruktur mit Berghütten (viele davon mit Proviantverkauf) oder Talorten im Abstand von – teilweise jedoch recht langen – Tagesetappen aus.

Von diesen Gebirgswanderwegen unterscheiden sich die „Flachlandwanderwege". Hier wurde der erste, der 160 Kilometer lange Ostkustleden in Småland, Ende der 60er Jahre des vergangenen Jahrhunderts eingeweiht. 1973 folgte der Sörmlandsleden. Dieser hat sich, gemeinsam mit dem an der schwedischen Westküste verlaufenden Bohusleden, zum populärsten unter den schwedischen Flachlandwanderwegen entwickelt. Er umfasst mittlerweile mit zahlreichen Varianten mehr als 1.000 Kilometer markierter Wegstrecke, die sich von Stockholm aus durch Wälder, vorbei an Seen und entlang der Schärenküste südlich der Hauptstadt schlängeln.

Im Unterschied zu den Gebirgswanderwegen besitzen die Flachlandwanderwege oft eine weniger gut ausgebaute Infrastruktur. So ist der Wanderer in der Regel auf die Mitnahme des eigenen Zeltes und eine genaue Proviant- und Einkaufsplanung angewiesen.

Auch die Akteure unterscheiden sich. Während in den Gebirgsregionen das staatliche Amt für Umweltschutz (Naturvårdsverket) für das Wegenetz zuständig ist (die praktische Arbeit wie Wegemarkierungen und –unterhalt wird jedoch von den Provinzialregierungen übernommen), gründen sich die Flachlandwanderwege auf regionale, kommunale oder sogar private Initiativen.

Einige der schwedischen Flachlandwanderwege gehören zum Netzwerk der Europäischen Fernwanderwege. Der Europäische Fernwanderweg E 1 beginnt am norwegischen Nordkapp, setzt sich dann in mehreren Grenz-überquerungen zwischen Norwegen und Schweden fort. Ab Grövelsjön (einem Etappenort des Südlichen Kungsleden) verläuft er bis Varberg, an der schwedischen Westküste gelegen, durch Schweden, bevor er sich in Dänemark fortsetzt. Der E 6 beginnt in Norrtälje, nördlich von Stockholm am Bottnischen Meerbusen gelegen, und verlässt Schweden – auch nach einem kurzen Stück auf dem Ås till åsleden – in Malmö.

Eine relativ junge, in ihrem Ursprung jedoch die älteste Form der schwedischen Fernwanderwege stellen die Pilgerwege dar. Der bedeutendste ist der 700 Kilometer lange Romboleden, der von Köping am Westende des Mälaren auf alten Handels- und Pilgerwegen zum Nidaros-dom im norwegischen Trondheim, dem wichtigsten sakralen Bauwerk Skandinaviens, verläuft.

Der Skåneleden – ein Netz aus fünf Wegen

Der Ås till åsleden ist einer von fünf Fernwanderwegen, die zum Netz des Skåneleden („Schonen-Pfad") gehören. Insgesamt umfasst der Skåneleden 1.140 Kilometer markierter Wege (darunter auch Tageswanderungen, die jedoch als Variante jeweils den Fernwanderwegen zugeordnet sind), die an verschiedenen Stellen aneinander anschließen und so ein Netz bilden, dass sich über weite Teile von Skåne (in Deutschland ist die Schreibweise „Schonen" geläufig, wird hier im Buch von mir jedoch nicht verwendet), der südlichsten Landschaft und Provinz Schwedens, erstreckt (unter „Landschaft" werden in Schweden historisch zusammenhängende Regionen bezeichnet, während die „Provinzen" relativ junge, administrative Deckungen darstellen; oft, aber nicht immer, deckt sich die historische „Landschaft" mit der administrativen „Provinz").

Der Grundstein für den Skåneleden wurde durch Folke Fribert gelegt. Dieser Visionär setzte sich für die Idee eines durch ganz Skåne verlaufenden Fernwanderwegs ein. 1978 wurden die ersten sechs Etappen zwischen Sölvesborg und Glimåkra, die heute zum Kust till kustleden (Skaneleden 1) gehören, markiert. Auch wenn das schwedische Jedermannsrecht den freien Zugang zur Natur garantiert, so ist es nicht selbstverständlich, dass Eigentümer ihre Einwilligung für markierte Wege oder sogar die Einrichtung von Lagerplätzen auf ihrem Grundstück geben. So ist der Erfolg des Skåneleden nur dem Einsatz von Provinzialregierungen (erst 1997 wurden die Provinzen Malmöhus und Kristianstad in der Provinz Skåne vereinigt), Organisationen und Privatpersonen zu verdanken. Bis heute bildet der Skåneleden ein sich ständig weiter entwickelndes System. Neben lokalen Wegeänderungen wurde der letzte neue Streckenabschnitt erst 2013 an der Öresundsküste auf der Halbinsel Kullen eingeweiht.

1990 bekam die Stiftelsen för fritidsområden i Skåne („Stiftung Freizeitgebiete in Skåne") den Auftrag, als Oberhaupt die administrativen Zuständigkeiten zu bündeln und die Zusammenarbeit zwischen den beteiligten Gemeinden und Gründstückseigentümern zu verbessern. 2011 wurde diese Aufgabe an Region Skåne, eine Organisation, die für die regionale Entwicklung von Skåne zuständig ist, übergeben.

Die fünf Teilwege des Skåneleden wurden, um die Begrifflichkeiten zu vereinfachen, neben ihren Namen auch mit Nummer versehen. Durch den Norden von Skåne verläuft der Kust till kustleden („Küste-zu-Küste-Pfad", auch als Skåneleden 1 bezeichnet), der in Sölvesborg an der Ostsee beginnt und 240 Kilomter weiter im Westen auf der Halbinsel Bjäre am Kattegatt endet. Der Nord till Sydleden („Nord-nach-Süd-Pfad", dieser trägt auch die Bezeichnung Skåneleden 2) durchquert auf 290 Kilometern Länge Zentralskåne von Hårsjö im Norden nach Ystad im Süden. Alternative Routenführungen enden in Trelleborg und Malmö (in diesem Fall wandert man auf dem Europäischen Fernwanderweg 6). Der Österlenleden („Österlen-Pfad" oder auch Skåneleden 4) verläuft mit Start und Ziel in Ystad in einer 150 Kilometer langen Schleife durch die im Südosten von Skåne gelegene Region Österlen. An der Ostküste befindet sich der derzeit 138 Kilometer lange Öresundsleden („Öresunds-Pfad", Skåneleden 5) im Aufbau. Der auch als Skåneleden 3 bezeichnete Ås till åsleden („Höhenzug-zu-Höhenzug-Pfad") schließlich durchquert Skåne auf einer Länge von 140 Kilometern von Åstorp im Nordwesten bis Agusa im Südosten. Er verbindet dabei die beiden Höhenzüge Söderåsen und Linderödsåsen und gilt als der abwechslungsreichste, aber auch als der anstrengendste der fünf Wege. Auf schmalen, steinigen Pfaden bis hin zu breiten Forstwegen und wenig befahrenen Schotterstraßen, auf kurzen Abschnitten auch auf

11

asphaltierten und stärker befahrenen Hauptverkehrsstraßen, wandert man durch eine Landschaft, die durch Wälder und eine naturnahe Landwirtschaft geprägt wird.

Der Ås till åsleden (Skåneleden 3)

Der in den 70er Jahren des vergangenen Jahrhunderts angelegte Ås till åsleden beginnt in Åstorp, nordwestlich des Höhenzugs Söderåsen. Diesen quert er in südöstlicher Richtung. Bei Röstånga setzt er sich durch die Ringsjönsenke fort, bevor südöstlich von Ekeröd der sanfte Aufstieg auf den Linderödsåsen beginnt. Nach insgesamt 142 Kilometern und 13 Etappen endet der Ås till åsleden schließlich in Agusa, wo er Anschluß an den Österlenleden (Skåneleden 4) hat.

Zwischen den Naherholungsgebieten Frostavallen und Fulltofta verlaufen der Ås till åsleden und der Nord till sydleden (Skåneleden 2) parallel. Im Naherholungsgebiet Fulltofta gibt es einen zehn Kilometer langen Rundweg, Åkes rundled („Åkes Rundweg"), der je nach Quelle dem Ås till åsleden oder dem Nord till sydleden zugerechnet wird. So ist dieser auf den älteren Karten zum Ås till åsleden noch als Variante dieses Weges eingetragen, im aktuellen Internetauftritt des Skåneleden wird er jedoch als Variante des Nord till Sydleden ausgewiesen. Im Rahmen dieses Wanderführers wird Åkes rundled, basierend auf der Etappeneinteilung im Internet, nicht behandelt.

Jede der 13 Etappen endet an einem offiziell ausgewiesenen Lagerplatz. Dieser besteht in der Regel aus einer zu einer Seite hin geöffneten Windschutzhütte, die für sechs bis acht Personen Platz zum Übernachten bietet. Da diese aber gerade in der Hauptsaison belegt sein können, empfindliche Personen auch mit Kälte und Mücken rechnen müssen, empfiehlt sich die Mitnahme eines eigenen Zeltes. An den Windschutzhütten gibt es Feuerstellen, die Lagerplätze werden auch laufend mit Brennholz ausgestattet. Allerdings sollte man sich nicht darauf verlassen, dass dieses immer verfügbar ist. Zum einen liegen die Lagerplätze oft relativ nah an öffentlichen Straßen (nur so kann die gute Infrastruktur der Lagerplätze gewährleistet werden), was dazu führen kann, dass Brennholz gestohlen wird. Zum anderen verheizen manche Wanderer auch deutlich mehr Brennholz als von den Verantwortlichen geplant – was dann auch zum Fehlen des Holzes führen kann. Alle Lagerplätze verfügen darüber hinaus über eine Trinkwasserversorgung (auch hier kann es saisonal zu Einschränkungen kommen), eine Trockentoilette („Plumpsklo") sowie Mülleimer.

Die meisten Etappen haben eine Länge von zwölf bis 15 Kilometern, doch es gibt auch erheblich kürzere (Etappe 4, Svartesjö – Liagården, vier Kilometer) und längere (Etappe 12, Timan – Rebbetuaröd, 21 Kilometer).

Der Ås till åsleden verläuft überwiegend auf schmalen Pfaden und für die Öffentlichkeit gesperrten Forstwegen. Einige Kilometer werden auf wenig befahrenen Schotterstraßen zurückgelegt, nur kurze Abschnitte führen über aspahltierte, teilweise stark befahrene (Haupt-)Straßen.

An den Ås till åsleden anschließende Wanderwege

Es gibt zahlreiche Möglichkeiten, eine Wanderung auf dem Ås till åsleden durch weitere Wanderwege zu ergänzen oder zu variieren. Für Tageswanderungen sind in erster Linie die drei Naherholungsgebiete (auf Schwedisch: Strövområde) Klåveröd, Frostavallen und Fulltofta sowie der Nationalpark Söderåsen mit einem gut ausgebauten und markierten Wegenetz zu nennen. Als Fernwanderwege bieten sich der Nord till sydleden (Skåneleden 2) sowie der Österlenleden (Skåneleden 4) an.

Naherholungsgebiet Klåveröd (Etappen 3 und 4)

Im Naherholungsgebebiet Klåveröd wurden sechs Wanderwege mit einer Länge zwischen 1,8 und 3,7 Kilometern ausgezeichnet. Fünf von diesen schließen direkt an den Ås till åsleden an oder verlaufen sogar einen Teil der Wegführung parallel zu diesem.

Englischsprachige Informationen zum Naherholungsgebiet Klåveröd erhalt man im Internet unter www.skanskalandskap.se > English > Recreation areas > Klåveröd.

Höjehall: Der 2,8 Kilometer lange Rundweg verläuft für etwa 500 Meter auf dem gleichen Pfad wie der Ås till åsleden. Er führt zu einem knapp unterhalb des Höjehall gelegenen Aussichtsturm, von dem aus sich ein schöner Fernblick über den Söderåsen und den Südwesten von Skåne bietet. Der Höjehall ist mit 210 Metern der höchste natürliche Punkt in Skåne. Im weiteren Verlauf passiert man auf einem Forstweg das Vargadalen, in dem in den 30er Jahren des 19. Jahrhunderts der letzte frei in Skåne lebende Wolf geschossen worden sein soll.

Länge Magnusa: Mit einer Länge von 1,8 Kilometern der kürzeste der Wanderwege im Naherholungsgebiet Klåveröd, dessen Startpunkt am Ås till åsleden liegt.

Skorstensdalen: Dieser zwei Kilometer lange Rundweg führt – etwa zu zwei Dritteln identisch mit dem Ås till åsleden verlaufend – auf Pfaden durch das geologisch interessante Skorstensdalen, am Rand des Nationalparks Söderåsen entlang und schließlich am Kulturdenkmal Hjältahuset, einer ehemaligen Kate, vorbei.

Snuvestuan: Mit 3,7 Kilometern der längste Wanderweg im Naherholungsgebiet Klåveröd, davon etwa die Hälfte parallel zum Ås till åsleden. Auf überwiegend schmalen Waldpfaden führt er zur kleinen Felsgrotte Snuvestugan, die über einen Abstecher erreicht werden kann.

Svartesjö: Zweieinhalb Kilometer langer Rundweg, der am Südufer des Angelsees Dammen entlang, dann vorbei an den Kulturdenkmälern Hjältahuset sowie der Mühle am Dejebäcken rund um den Svartesjö führt. Etwa 750 Meter verlaufen davon identisch zum Ås till åsleden.

Nationalpark Söderåsen (Etappen 4 und 5)

Der Nationalpark Söderåsen bietet sieben ausgewiesene Wanderwege, die eine Länge von 900 Metern bis zu 7,2 Kilometern aufweisen. Alle haben Anschluss an den Ås till åsleden, mit Ausnahme der Odensjö-promenaden verlaufen diese zumindest kurzfristig auch auf den gleichen Pfaden.

Englischsprachige Informationen zum Nationalpark Söderåsen erhält man im Internet unter www.soderasensnationalpark.se > English.

Härsnäsrundan: Die viereinhalb Kilometer lange Rundwanderung führt auf Waldwegen durch an kulturhistorischen Fundstätten reichen Buchenwälder zu den ehemaligen Fischteichen von Härsnäs. Ein kurzes Stück ist der Wegverlauf mit dem des Ås till åsleden identisch.

Kopparhattsrundan: Vom Informationszentrum „naturum" führt der 3,7 Kilometer lange Wanderweg zunächst in das Tal des Skärån. Feuchte Wegpartien sind hier mit Bohlen überbrückt. Am Offavägen stößt er auf den Ås till åsleden, mit dem er dann auf das nördlich gelegene Plateau zum Aussichtspunkt Kopparhatten und dann gut gesichert immer in Nähe der Abbruchkante des Plateaus zurück zum „naturum" verläuft.

Korsskär-Liagårdsrundan: Vom Informationszentrum „naturum" verläuft der mit 7,2 Kilometern Länge längste Rundwanderweg im Nationalpark Söderåsen in das Tal des Skärån hinein. Zwischen der Abzweigung zum Offavägen und Korsskär sind mehrere feuchte Wegpartien zu queren. Am Zusammenfluss von Kvärka- und Dejabäcken, Korsskär, trifft er auf den Ås till åsleden. Mit diesem steigt er zum Etappenziel Liagården an. Nach etwa einem gemeinsamen Kilometer auf dem Plateau setzt sich die Korsskär-Liagårdsrundan auf schmalen Wegen bis zum Aussichtspunkt Hjortsprånget, wo sie wieder auf den Ås till åsleden trifft und parallel zu diesem zurück zum „naturum" absteigt, auf dem Plateau fort.

Nackarpsrundan: Der dreieinhalb Kilometer lange Rundweg führt überwiegend auf Pfaden rund um den sagenumwobenen Odensjön. Auf dem Plateau verläuft er für etwa 750 Meter weggleich mit dem Ås till åsleden

.

Naturstigen: Der 900 Meter lange Naturlehrpfad umrundet im Anschluss an das Informationszentrum „naturum", das vom Ås till åsleden passiert wird, auf einem rollstuhlgerecht ausgebauten Bohlenweg den aufgestauten See Skärdammen am Ausgang der Schlucht Skäralid.

Norra rundan: Der 6,3 Kilometer lange Rundweg führt, beginnend am Informationszentrum „naturum", auf dem Plateau über Pfade und schmale Wege durch den Nordteil des Nationalparks. Auf dem Rückweg trifft man am Offavägen auf den Ås till åsleden, mit dem man über den Aussichtspunkt Kopparhatten zurück zum Startpunkt wandert.

Odensjö-promenaden: Mit Start in Röstånga führt dieser 1,1 Kilometer lange Spazierweg (einfache Strecke) auf einem geschotterten Forstweg durch das Nackarpsdalen zum sagenumwobenen Odensjön. Der Rückweg ist identisch mit dem Hinweg.

Naherholungsgebiet Frostavallen (Etappe 7)

Das Naherholungsgebiet Frostavallen bietet fünf Wanderwege mit einer Länge zwischen 2,9 und 9,9 Kilometern. Vier davon verlaufen teilweise auf den gleichen Wegen und Pfaden wie der Ås till åsleden.

Englischsprachige Informationen zum Naherholungsgebiet Frostavallen erhalt man im Internet unter www.skanskalandskap.se > English > Recreation Areas > Frostavallen.

Bjäretslingan: 3,3 Kilometer langer Rundweg, der überwiegend auf Pfaden auf den Vulkankegel Ulfsbjär führt. Etwa ein Drittel der Strecke ist identisch zum Verlauf des Ås till åsleden.

Dagstorpsslingan: Von den 9,3 Kilometern dieses Rundwanderwegs um den Dagstorpssjön verlaufen nur knapp 250 Meter auf einer Schotterstraße parallel zum Ås till åsleden.

Långstorpsslingan: Mit 9,9 Kilometern der längste Rundwanderweg im Naherholungsgebiet Frostavallen. Allerdings auch der Wanderweg, der die längste Zeit – etwa ein Drittel der Strecke – parallel zum Ås till åsleden verläuft.

Pilgrimsleden: Dieser ursprünglich 16 Kilometer lange Pilgerweg zwischen Hallaröd und Höör wurde mittlerweile als Fernwanderweg auf 140 Kilometer bis Sankt Olof, im Süden von Skåne gelegen, verlängert. Im Naherholungsgebiet Frostavallen verläuft der Pilgrimsleden für etwas mehr als einen Kilometer parallel zum Ås till åsleden.

Vaxsjöslingan: Mit 2,9 Kilometern Länge der kürzeste Wanderweg im Naherholungsgebiet Frostavallen. Dieser führt auf für Rollstuhlfahrer ausgebauten Wegen einmal um den See Vaxsjön. An der Südspitze des Sees ist die Wegführung identisch mit der des Ås till åsleden.

Naherholungsgebiet Fulltofta (Etappen 9 und 10)

Das Naherholungsgebiet Fulltofta (ein altes schwedisches Wort für „Pferdekoppel") ist nach einem schlossartigen Herrenhof, der etwa einen Kilometer östlich des Östra Ringsjön liegt, benannt. Im Mittelalter unterstand dieser mit den umliegenden Ländereien den Bischöfen von Lund. Im Zuge der Reformation wurde er dem schwedischen König zugesprochen, der den Hof 1546 gegen Besitztümer auf der heute zu Dänemark gehörenden Ostseeinsel Fyn (Fünen) eintauschte. 1768 wurde Fulltofta von einem der mächtigsten Männer der damaligen Zeit, dem Großgrundbesitzer Fredrik Trolle, aufgekauft und verblieb bis Mitte der 70er Jahre des vergangenen Jahrhunderts im Besitz der Familie. Noch heute befindet sich der Hof, der aus dem Naherholungsgebiet ausgenommen ist, in Privatbesitz und ist nicht öffentlich zugänglich.

Neben dem Gutshof liegt die Kirche von Fulltofta, die Ende des 12. Jahrhunderts errichtet wurde. Aus dieser Zeit stammt nur noch das Taufbecken. 1215 wurde hier die von ihrer Schwiegertochter ermordete Magnhild beigesetzt. Um diese ranken sich mehrere Legenden. So soll ihr Sarg während des Trauerzugs zu Boden gefallen sein – woraufhin an dieser Stelle eine Quelle, die im Naherholungsgebiet liegende Sankt Magnhildskälla, entsprang. In der Folge wurde von Wunderheilungen an ihrem Grab berichtet, was die Kirche und die Quelle zu einem populären Pilgerziel machte. Als der Kult um Magnhild nachließ, wurde deren Leichnam 1383 in die Domkirche nach Lund überführt. Heute locken vor allem die prachtvollen Deckenmalereien aus dem 15. Jahrhundert, ein Renaissancealtar aus dem Jahr 1636 sowie ein 1936 eingebautes Glasfenster, das in vier Bildern die Geschichte von Magnhild erzählt. Der Kirchturm stammt aus dem Jahr 1809.

Ein Besucherzentrum, das Fulltofta Naturcentrum – am Nord till Sydleden gelegen – informiert in einer interaktiven Ausstellung über Natur und Geschichte des Gebiets.

Fulltofta ist das größte Naherholungsgebiet in Skåne. So bietet es auch mit 17 Wanderwegen, die eine Länge von 300 Metern bis zu zehn Kilometern aufweisen, die größte Auswahl an Wandermöglichkeiten abseits des Ås till åsleden. Allerdings haben hier auch die wenigstens Wege – nämlich nur vier – einen direkten Anschluss an diesen.

Englischsprachige Informationen zum Naherholungsgebiet Fulltofta erhalt man im Internet unter www.skanskalandskap.se > English > Recreation Areas > Fulltofta.

Åkes rundled (Etappe 9A des Skåneleden 2: Nord till sydleden): Zehn Kilometer langer Rundweg im zentralen Teil des Naherholungsgebiets. Dieser verläuft nach der Trennung der Hauptstrecke des Nord till sydleden (Skåneleden 2) und des Ås till åsleden (Skåneleden 3) kurz hinter der Quelle Hanakällan bis zum Moorgebiet Sjömossen für etwa drei Kilometer auf dem gleichen Weg wie der Ås till åsleden. Von Sjömossen aus führt Åkes rundled dann auf Pfaden und Forstwegen zum Fulltofta Naturcentrum. Auf dem Nord till sydleden (Skåneleden 2) wandert man von dort zurück zur Skåneledengabelung kurz vor der Hanakällan, vorbei an einem jungsteinzeitlichen Großsteingrab sowie den Ruinen des Gehöts Vasahus. Für Wanderer auf dem Ås till åsleden, die das Naherholungsgebiet Fulltofta intensiver erkunden wollen, stellt Åkes rundled damit eine gute Alternative zum eigentlichen Wegverlauf dar.

Fiskestigen: Dieses 1,6 Kilometer lange Wegenetz durch den Auwald am Kvesarumsån sowie um den Fischteich Bjeverödsdammen ist für Rollstuhlfahrer ausgebaut und geht teilweise in den Ås till åsleden ein.

Sjömossen: 5,2 Kilometer langer Rundweg, der etwa zur Hälfte, unter anderem auch durch das namengebende Moorgebiet Sjömossen, auf den gleichen Wegen wie der Ås till åsleden verläuft.

Vasahus: Dieser 5,3 Kilometer lange Rundweg, benannt nach der Ruine Vasahus, stellt eine weitere Verbindung zwischen dem Nord till sydleden (Skåneleden 2) sowie dem Ås till åsleden dar. Zwischen der Quelle Hanakällan und dem ehemaligen Tanzboden am Parkplatz südöstlich des Naturreservats Hjällan verläuft dieser Rundweg parallel zum Ås till åsleden.

Geologie

Eine Sage erzählt, dass einst ein Riese in Skåne lebte. Dieser besuchte regelmäßig seinen Bruder, der sich auf der dänischen Insel Sjælland (Seeland) niedergelassen hatte. Obwohl der Riese den Öresund immer an seiner schmalsten Stelle überquerte, wollte er sich dort eine Brücke bauen, um die Reise zu vereinfachen. Deshalb hub er im Zentrum von Skåne ein großes Loch aus, den Ringsjön. Die Erde füllte er in einen Sack, den er sich über die Schulter legte und zum Öresund trug. Was der Riese jedoch nicht bemerkt hatte war, dass ihm der Sack aufriss, als er Röstånga passierte. Wo die Erde zu Boden fiel, erhebt sich nun ein Gebirgszug, der Söderåsen. In Åstorp blickte der Riese hinter sich, wodurch ihm auffiel, was geschehen war. Wutendbrannt warf der Riese den Sack mit dem Rest Erde von sich. Wo dieser ins Meer fiel, erhebt sich heute die Halbinsel Kullen.

Nicht nur in der Sage, auch in der Wissenschaft wirkten gewaltige Kräfte bei der Entstehung des heutigen Landschaftsbilds von Skåne.

Der Ås till åsleden verläuft entlang der größten geologischen Deformationszone Nordeuropas, der Tornquistzone (benannt nach dem deutschen Geologen Alexander Tornquist). Diese trennt zwei große Bereiche der Eurasischen Kontinentalplatte, nämlich den kristallinen Baltischen Schild (Skandinavien) von den sedimentären Gesteinen Mitteleuropas. Hier kollidierten im Übergang vom Ordovizium ins Silur (vor etwa 450 Millionen Jahren) die beiden Kleinkontinente Avalonia (das heutige Mitteleuropa) und Baltica (Skandinavien). Diese Kollision hatte zur Folge, dass das Grundgebirge brach und einige Gesteinsschichten in die „Ringsjöverwerfung" absanken, wodurch sich im Gegenzug mehrere Gebirgszüge, wie die durch den Ås till åsleden miteinander verbundenen Söder- und der Linderöds-åsen, herausgehoben wurden. Diese durch tektonische Hebungsprozesse entstandenen Gebirgszüge werden als Horste bezeichnet.

Während in den Ebenen sedimentäre Gesteine vorherrschen, bestehen die Höhenzüge hauptsächlich aus Gneis und Gneisgranit, der durch die Metamorphose älterer Granite während einer früheren Gebirgshebungsphase vor etwa 1,8 Milliarden Jahren entstand. Dieses Grundgestein ist jedoch, selbst auf den Höhenzügen, weitläufig durch Moränen (glaziale Ablagerungen) von verschiedener Mächtigkeit überdeckt.

Im Jura, vor rund 200 bis 150 Millionen Jahren, wurde die Tornquistzone besonders starken Belastungen ausgesetzt. Dies führte zu vulkanischen Aktivitäten in Skåne. Die Ausbrüche dürften vergleichbar zu den heutigen des italienischen Vulkans Stromboli gewesen sein, bei dem es im Abstand von wenigen Minuten bis Stunden zu Ausbrüchen aus verschiedenen Krateröffnungen kommt. Einige dieser Vulkankegel, beispielsweise der Gällabjer, der bis heute durch seine offenbar typische Vulkanform auch von Laien problemlos als Vulkan erkannt wird, und der Allarps bjär, werden zwischen den beiden Gebirgszügen Söder- und Linderödsåsen vom Ås till åsleden überquert.

In der Folge, im Übergang von der Kreide zum Tertiär, also vor etwa 65 Millionen Jahren, setzte eine letzte starke Verwerfungsphase im Gebiet des Söderåsens ein. Während dieser bildeten sich feine Risse im Grundgestein, die sich im Laufe der Jahrmillionen durch Erosion und Verwitterung – besonders während der Eis- und Kaltzeiten – zu beeindruckenden und für Schweden einmaligen Tälern ausgeweitet haben. Am bekanntesten sind Klöva hallar und Skäralid, beide werden vom Ås till åsleden passiert.

Die Störung der Tornquistzone ist bis heute aktiv und macht sich durch seltene Erdbeben bemerkbar. Das letzte stärkere fand am 18. Dezember 2008 östlich von Malmö statt und erreichte eine Magnitude von 4,8 auf der Richterskala.

Flora

Skåne besteht zu mehr als zwei Dritteln aus landwirtschaftlich genutzten Flächen. Entlang des Ås till åsleden sind dies vor allem extensiv genutzte

Felder – hier blüht fast den gesamten Sommer über die Landschaftsblume von Skåne, die Magerwiesen-Margerite – und Weiden, immer wieder durchsetzt von kleinen Wäldchen oder Gehölzstreifen. Die schwedische Literaturnobelpreisträgerin Selma Lagerlöf beschrieb dieses Landschaftsbild in ihrem Buch „Wunderbare Reise des kleinen Nils Holgersson mit den Wildgänsen" („Nils Holgerssons underbara resa genom Sverige") Anfang des 20. Jahrhunderts, aber bis heute zutreffend, als „Flickenteppich".

Skåne liegt im auch für Mitteleuropa typischen Buchenwaldgürtel. Das heißt, dass hier, das Fehlen menschlicher Eingriffe vorausgesetzt, die Rotbuche dominieren würde, an trockenen oder feuchten Standorten abgelöst durch Stiel- und Traubeneiche, Gemeine Esche, Bergulme (allerdings sind die Bestände in den letzten Jahrzehnten durch das Ulmensterben stark in Mitleidenschaft gezogen worden) sowie, vor allem entlang von Wasserläufen, Grau- und Schwarzerle. Auf sandigen Standorten, so auch häufig auf Heideflächen, gehören Hänge-Birke, Waldkiefer und Gemeiner Wacholder zum gewöhnlichen Anblick. Edelkastanie, Hainbuche und Echte Walnuss stoßen in Skåne an ihre nördliche Verbreitungsgrenze.
Die Buchenwälder präsentieren sich besonders schön im Frühling, wenn der Boden von einem Teppich aus verschiedenen Frühblühern, sogenannten Geophythen, überzogen wird. Dazu zählen Busch- und Gelbes Windröschen, Waldbingelkraut, Waldsauerklee und Leberblümchen.

Seit dem frühen 20. Jahrhundert wurden große Gebiete auf dem Söder- und Linderödsåsen mit Fichtenforsten bepflanzt. Heute werden diese teilweise aufwändig in naturnahe Wälder aus vor allem Eichen und Buchen „zurückverwandelt" (entlang des Ås till åsleden ist dies vor allem im Nationalpark Söderåsen zu sehen). Nur in schwer zugänglichen Gebieten, wie den Spaltentälern Klöva hallar und Skäralid, konnten sich großflächig naturnahe Wälder halten.

Fauna

Bei einer Wanderung auf dem Ås till åsleden stellen Begegnungen mit Wildtieren keine Seltenheit dar. Dies liegt unter anderem auch an einer ausgesprochen abwechslungsreichen Landschaft aus Wäldern und landwirtschaftlichen Nutzflächen, die einer Vielzahl von Arten einen optimalen Lebensraum bietet.

Besonders intensiv erlebt man die Tierwelt entlang des Ås till åsleden während einer Wanderung im Frühjahr, wenn ein vielstimmiges Konzert verschiedener Singvogelarten (wie Waldlaubsänger, Kernbeißer und Buchfink – um nur eine kleine Auswahl zu nennen) aus den Baumwipfeln und den die landwirtschaftlichen Flächen begrenzenden Feldgehölzen erklingt. Die abwechslungsreiche Struktur der Landschaft stellt den idealen Lebensraum für Nachtigall und Kuckuck dar; dank des relativ milden Klimas kommt hier sogar der „exotische" Pirol vor. Auch die Sichtung von größeren Säugetieren ist mit ein wenig Glück möglich. Auch wenn Elche nur vereinzelt das Gebiet durchstreifen, so sind Begegnungen mit Rothirschen, der nach dem Elch zweitgrößten Hirschart Europas und Landschaftstier von Skåne, keine Seltenheit. Rehe und Feldhasen kann man auch tagsüber auf den Feldern beobachten. Das im 16. Jahrhundert eingeführte Damwild ist in Skåne ebenfalls beheimatet.

In den letzten Jahren hat die Population an Wildschweinen stetig zugenommen. Diese teilen sich ihren Lebensraum teilweise mit verwilderten Linderödsschweinen – einer vom Aussterben bedrohten Haustierrasse, die, wie sich durch den Namen herleiten lässt, ursprünglich auf dem Linderödsåsen gezüchtet wurden. Auch Mischlinge aus Wild- und Linderödsschwein können in Skåne angetroffen werden.
Unter den Raubtieren fehlen die weiter im Norden heimischen großen Beutegreifer, auch wenn gelegentlich wieder von einzelnen durchziehenden Braunbären und Wölfen berichtet wird. Rotfuchs, Dachs und Baummarder sind jedoch relativ häufig, auch Hermelin, Iltis und Mauswiesel kommen vor. An warmen Sommertagen kann man am Himmel Habicht und Wespenbussrad kreisen sehen.

Ebenfalls im Sommer lassen sich mit Glück die in Südschweden heimischen Reptilien beobachten. Die Ringelnatter ist vor allem in feuchten Gebieten anzutreffen, während die giftige, für den Menschen jedoch ungefährliche Kreuzotter sich gerne an sonnigen und trockenen Plätzen aufhält. Obwohl auf den ersten Blick wie eine Schlange aussehend, zählt die Blindschleiche zu den Eidechsen, deren typisches Aussehen Berg- und Zauneidechse aufweisen.

Nicht unerwähnt bleiben sollten die von Frühling bis Herbst unausweichlichen Plagegeister: Während Stechmücken eigentlich nur an feuchten und schattigen Plätzen und vor allem in den Abendstunden in größeren Mengen auftreten (dabei aber bei weitem nicht in den Massen und mit der Agressivität, wie sie weiter nördlich fast schon legendär für Schweden sind), stellen Zecken zu allen Tageszeiten ein Problem dar. Die südschwedischen Zecken übertragen eine Vielzahl an Krankheiten, darunter auch die für den Menschen gefährlichen Borreliose und FSME

(Frühsommer-Meningoenzephalitis). Gegen FSME hilft eine Impfung, gegen Borreliose vor allem die Vermeidung von Zeckenbissen. Dazu trägt man möglichst den ganzen Körper bedeckende helle Kleidung, auf der die manchmal weniger als einen Millimeter großen Zecken gut zu entdecken sind. Sollte doch eine Zecke zugebissen haben, muss diese möglichst schnell und ganz entfernt werden, die Bissstelle sollte danach noch etwa 14 Tage lang beobachtet werden. Sofern die sogenannte Wanderröte – eine etwa Zwei-Euro-Stück-große Rötung rund um die Einstichstelle – auftritt, sollte unverzüglich ein Arzt aufgesucht werden.

Naturschutz

Der Ås till åsleden ist, trotz zahlreicher kulturhistorisch interessanter Objekte am Wegesrand, in erster Linie ein Wanderweg durch die Natur Skånes. Dieses Naturerlebnis ist in den unter Naturschutz stehenden Gebieten, die während der Wanderung passiert werden, besonders intensiv. Grund genug, diese Gebiete in einem eigenen Kapitel ausführlicher vorzustellen.

Den größten Schutz bieten Nationalparke (nationalpark). Hier steht die großräumige natürliche Entwicklung eines repräsentativen Landschaftstyps im Vordergrund, wobei Pflegemaßnahmen in eingeschränktem Umfang durchaus zugelassen sind. Nationalparke haben in der Regel eine gute Infrastruktur, die das Erleben von Natur auf einfache Art und Weise ermöglichen. Von den derzeit 29 schwedischen Nationalparks wird einer, der Nationalpark Söderåsen, vom Ås till åsleden durchquert (Etappen 4 und 5).

Den Nationalparks untergeordnet sind die Naturreservate (naturreservat). Hierunter fallen vor allem kleinere Gebiete mit einem hohen Wert für den Schutz bestimmter Lebensräume (diese können durchaus auch „von Menschenhand erschaffen" und weiterhin bewirtschaftet werden), Arten oder auch Erholungszwecke. Entlang des Ås till åsleden durchquert man vier Naturreservate, weitere neun werden gestreift oder sind im Rahmen eines Abstechers vom Ås till åsleden zu erreichen (Stand: Dezember 2013).

Den Naturreservaten noch einmal untergeordnet sind viele verschiedene Schutzgebietskategorien, die im Gelände nicht immer direkt erkennbar und in der Regel auch nicht für die Freizeitnutzung vorgesehen sind. Darunter fallen beispielsweise Naturschutzgebiete (naturvårdsområde), von denen in der Folge lediglich das auf Etappe 1 passierte und sehr augenfällige Naturschutzgebietz Hjorthagen – Wrams Gunnarstorp vorgestellt wird.

Beim Besuch all dieser Gebiete sollte beachtet werden, das hier grundsätzlich besondere Bestimmungen gelten, die Teile des in Schweden ansonsten allgemeingültigen Jedermannsrecht aussetzen. Die Bestimmungen für die einzelnen Gebiete sind jeweils an den Reservatsgrenzen ausgewiesen. Im Zweifelsfall sollte man seine eigenen Interessen im Interesse der Natur zurückstellen. Die Einhaltung der Regeln wird sporadisch kontrolliert und Verstöße mit teilweise empfindlichen Geldstrafen geahndet.

Die Präsentation der Naturschutzgebiete erfolgt in der Reihenfolge, in der man diese auf der Wanderung passiert.

Naturschutzgebiet Hjorthagen – Wrams Gunnarstorp (Etappe 1)

Das 71 Hektar große Naturschutzgebiet Hjorthagen – Wrams Gunnarstorp, das etwa zur Hälfte aus einem parkartigen Laubwald besteht, wurde im Jahr 1995 ausgewiesen. Es wird von einer 3200 Meter langen und etwa zwei Meter hohen Steinmauer aus dem 16. Jahrhundert eingegrenzt. Seitdem dient das Gebiet als Wildgatter (das vermutlich älteste in Schweden) und Jagdpark. Im 17. Jahrhundert wurde hier eine der ersten Damwildpopulationen des Landes, aus der Türkei stammend, angesiedelt. Heute umfasst das Rudel 80 bis 90 Tiere, die sich im Sommer frei in den Wäldern rund um das Naturschutzgebiet aufhalten, im Winter jedoch in diesem eingepfercht und bejagd werden. Dies geschieht in Übereinstimmung mit den bei der Ausweisung des Naturschutzgebietes verabschiedeten Schutzzielen, wonach das Gebiet als „eingezäunter Jagdpark für Damwild" erhalten bleiben soll, um so „die charakteristische Vegetationsstruktur mit einem parkartigen Laubwald" zu erhalten, da das Gebiet „Hjorthagen in seiner Gesamtheit als frühgeschichtliche Stätte betrachtet" wird.

Naturreservat Klöva hallar (Etappen 2 und 3)

Das mit fast fünf Kilometern Länge und bis zu 75 Metern Tiefe zweitgrößte Spaltental des Söderåsen, Klöva hallar, bildet das Herzstück des gleichnamigen 282 Hektar großen Naturreservats, das 2012 ausgewiesen wurde. Neben dem Tal umfasst das Schutzgebiet Teile des oberhalb fließenden Klövabäcken sowie die umgebenden Wälder. Diese gehören, vor allem in den Talflanken, zu den aus ökologischen Gesichtspunkten wertvollsten Wäldern in Skåne – innerhalb der Grenzen des Naturreservats wurden 86 Arten registriert, die in der schwedischen Roten Liste geführt werden. Auch aus geologischer Sicht stellt das Naturreservat eine für Schweden einmalige Landschaft dar.

Klöva hallar liegt an der nordwestlichen Verwerfungsgrenze des Söderåsen, der hier eine Höhe von 100 bis 150 Metern erreicht. Der Klövabäcken hat sich entlang einer Bruchlinie, die aus der Hebungsphase während der späten Kreidezeit und des frühen Tertiär stammt, in das Grundgebirge eingeschnitten. Während der fünf Vereisungsphasen in den letzten 250.000 Jahren war das Tal durch unbewegliche Eismassen gefüllt, wodurch keine nennenswerte glaziale Überprägung stattgefunden hat. Erst während der Abschmelzphasen hat sich das Tal in der heutigen Form in den Söderåsen eingeschnitten, als die Schmelzwasser vom Gebirgszug durch Klöva hallar abflossen.

Die Geröllhalden am Fuß der senkrechten Felswände sind die Folge von Verwitterungsprozessen während der Warmzeiten. Hier ist vor allem die Frostsprengung zu nennen, bei der in feine Spalten eingesickertes Wasser durch Gefrieren und damit einhergehender Ausdehnung große Blöcke aus dem Fels lösen kann – ein Prozess, der bis heute andauert.

Für Schweden einmalig sind die freistehenden Felssäulen, die sich aus dem Talboden erheben und die Höhe des umgebenden Plateaus erreichen (die größte befindet sich etwa 700 Meter nördlich von Klöva mölla). Diese bildeten sich bereits vor den letzten Eiszeiten, die sie nur überstanden, da die Schlucht, wie weiter oben beschrieben, in diesen Phasen von unbeweglichem Eis gefüllt und dadurch vor Erosion geschützt war.

Eine weitere geologische Besonderheit lässt sich auf dem Plateau entdecken. Hier öffnete sich zum Ende der letzten Eiszeit der über Südschweden liegende Eisschild. Der daraufhin von Südwest (Klåveröd) nach Nordost (Klöva hallar) fließende Schmelzwasserfluss hinterließ einen Os (hierbei handelt es sich um unter dem Gletschereis abgelagerte Schmelzwassersande). Durch die Vereisung des Tals Klöva hallar wurde dieses zunächst auch überflossen, so dass man den Verlauf auf beiden Seiten des Tals verfolgen kann. Neben den Sanden und Kiesen des Os tritt in der ansonsten ausgeprägten Moränenlandschaft teilweise das vom Gletschereis polierte Grundgebirge zu Tage.

Wie fast alle Wälder auf dem Söderåsen sind auch die Wälder im Naturrservat Klöva hallar relativ jung. Erst seit etwa 100 Jahren kann sich auf den ehemals landwirtschaftlich genutzten Flächen vor allem die Rotbuche wieder ausbreiten. Im Talgang selbst wachsen Laubsumpfwälder, in denen Erlen dominieren, in geringerem Umfang aber auch Birken, Vogelbeere und Gemeine Esche wachsen. Lediglich die nur schwer zugänglichen Talflanken blieben weitestgehend von menschlichen Eingriffen verschont. Hier wachsen heute viele alte Buchen, die für zahlreiche, teilweise vom Aussterben bedrohte Moos-, Flechten-, Pilz- und Insektenarten einen wertvollen Lebensraum darstellen. Dies wird durch das besondere Mikroklima im Talgrund (feucht und kühl) zusätzlich begünstigt. Davon profitieren auch die großflächigen Farnbestände, die sich an den Ufern des Klövabäcken ausbreiten, ebenso wie das Große Springkraut (das an vielen anderen Stellen in Skåne – wie auch in Deutschland – immer mehr vom aus Indien eingeführten Drüsigen Springkraut verdrängt wird).

Die historisch genutzte Kulturlandschaft – die ältesten Spuren stammen aus der Eisenzeit – wurde vor allem rund um die Mühle Klövamölla, am oberen Ende der Schlucht Klöva hallar, erhalten.

Der in der Regel ganzjährig wasserführende, von Niederschlägen gespeiste Klövabäcken fließt in weiten Teilen sehr naturnah. Bis zum Erreichen der Klövamölla, wo er seit dem 16. Jahrhundert aufgestaut wird, ist der Bachlauf auf etwas mehr als anderthalb Kilometern begradigt, auf den folgenden fast viereinhalb Kilometern durch das Tal Klöva hallar ist er hingegen von menschlichen Einflüssen nahezu unberührt. Erst am Ausgang der Schlucht wird der Fluss wieder aufgestaut – was eine natürliche Zuwanderung der im Klövabäcken vorkommenden Fischarten wie Elritze, Bachneunauge, Bachforelle und Flussaal verhindert. An den Ufern brüten Gebirgsstelze und Wasseramsel, in Baumhöhlen die Hohltaube. Weitere im Naturreservat vorkommende seltenere Vogelarten sind Mäusebussard, Habicht, Kolkrabe, Waldlaubsänger, Kernbeißer und Fichtenkreuzschnabel. In den Wintermonaten ist der Bergfink ein häufiger Gast. Die steilen Felswände stellen eines der wenigen geeigneten Wanderfalken-Brutgebiete in Skåne dar, mit einer zeitnahen Wiederbesiedlung des Gebiets wird auf Grund von mit der Unterschutzstellung einhergehenden Einschränkungen für Kletterer gerechnet.

25

Naturreservat Traneröds mosse, Grindhus och Lilla Klåveröd (Abstecher von den Etappen 3 und 4)

Das 119 Hektar große Naturreservat liegt etwas abseits vom Ås till åsleden, überwiegend innerhalb der Grenzen des Naherholungsgebiets Klåveröd. Vom Etappenpunkt Svartesjö sind es etwa anderthalb Kilometer über wenig befahrene Nebenstraßen, um in den zugänglich gemachten zentralen Teil des Schutzgebiets zu kommen. Dieses wurde 2006 ausgewiesen. Kern ist das Traneröds mosse, ein für Südwestschweden typisches Hochmoorgebiet mit einer intakten Hydrologie, das im Norden (Lilla Klåveröd) und Süden (Grindhus) von einer für das späte 19. Jahrhundert auf dem Söderåsen typischen Kulturlandschaft mit einem hohen biologischen und vor allem auch kulturhistorischen Wert (wie Steinmauern entlang der ehemaligen Grundstücksgrenzen und Weidewegen, die von den Höfen zu den weiter entfernt gelegenen Weidegebieten führten) eingerahmt wird. Das diese in ihrer ursprünglichen Form so gut erhalten blieb ist einmalig in Skåne.

Traneröds mosse, eines der letzten Hochmoore in Skåne, hat sich in einem Riss im Plateau des Söderåsens gebildet. Im Zuge des Abschmelzens des Inlandeises der letzten Eiszeit bildete sich an dieser Stelle ein See. Vor rund 7.000 Jahren setzte dann die Moorbildung ein. An der tiefsten Stelle erreicht dieses eine Mächtigkeit der Torfmoose von 18 Metern. Da dadurch der Kontakt zum Grundwasser abgerissen ist, sind die zentralen Bereiche von Traneröds mosse relativ trocken. Der nördliche, von menschlichen Eingriffen mehr geprägte Teil entwässert über den Klövabäcken, während das südliche Träneröds mosse über den Dejebäcken abfließt. Gesäumt wird das Moor von einem Gürtel aus Moor-Birken und Sümpfen, in denen Drachenwurz und Beinbrech gedeihen. Auf dem Moor selbst wachsen nur wenige höher entwickelte Pflanzen. Die trockenen Bulten (erhöhte trockene Kuppen aus Torfmoosen) sind Standort für Besen- und Glocken-Heide, seltener für die Schwarze Krähenbeere und die ansonsten nur weiter nördlich vorkommende Moltebeere. Im Frühjahr wird Traneröds mosse von Wollgräsern weiß gefärbt. Auch der Rundblättrige Sonnentau kommt gut mit den extremen Wuchsbedingungen im Moor zurecht.

Das Moor wurde nur in den Randbereichen direkten nachhaltigen anthropogenen Einflüssen ausgesetzt, indem in kleinem Umfang Torf abgebaut wurde. Bedingt durch einen immer höher werdenden Nährstoffeintrag aus der Luft, aber auch dem Ausbleiben einer Beweidung im Frühjahr, hat die offene Moorfläche jedoch vor der Unterschutzstellung immer weiter abgenommen, zwischen die Birken mischten sich Kiefern und Fichten. Mit der Unterschutzstellung wurden dann gezielte Rodungsmaßnahmen durchgeführt. Diese haben das Ziel, den Charakter eines offenen Hochmoores wiederherzustellen.

In den offenen Moorflächen brüten Birkhuhn, Großer Brachvogel, Braunkehlchen und Haubenmeise, in den Randbereichen Waldwasserläufer, Schwanzmeise und Kleinspecht. Nachts kann man das Schnurren des Ziegenmelkers hören. Für die auf Moor- und Sumpfgebiete angewiesenen Schmetterlingsarten Großes Wiesenvögelchen, Hochmoor-Perlmutterfalter und -Bläuling stellt Traneröds mosse ein wichtiges Refugium in Skåne dar.

Lilla Klåveröd und Grindhus zeichnen sich durch den Erhalt einer Kulturlandschaft, wie diese im 19. Jahrhundert typisch für den Söderåsen und andere Gebiete in Skåne war, aus. Dank des Verzichts auf künstliche Dünger findet man dort auch bis heute die für diese Landschaft typischen Arten. Auf den Weideflächen bei Grindhus, dem aus botanischer Sicht interessantesten Gebiet des Naturreservats, sind dies Arnika und Niedrige Schwarzwurzel, aber auch Rippen- und Bergfarn. Teilweise haben sich heideähnliche Flächen, mit Wacholder, Hainbuche und Birken bestanden, herausgebildet. Die teilweise terrassierten Felder rund um Lilla Klåveröd wurden hingegen erst mit Beginn des 20. Jahrhunderts als Weideland genutzt, zuvor dienten diese überwiegend als Acker. Hier wachsen Gewöhnliche Kreuzblume, Pyramiden-Günsel und Geflecktes Knabenkraut.

Nationalpark Söderåsen (Etappen 4 und 5)

Im landschaftlich beeindruckendsten Teil des Söderåsen stellt der im Jahr 2001 ausgewiesene Nationalpark, der den Namen des Gebirgszugs trägt, die für Südskåne typischen Edellaubwälder, die von der Rotbuche dominiert werden, unter Schutz. Mit einer Fläche von 1.625 Hektar zählt der Nationalpark zu den größten nordeuropäischen Gebieten, in denen dieser Waldtyp der freien Entwicklung überlassen wird. Der Weg dorthin ist allerdings noch weit – auf fast einem Fünftel der Fläche des Nationalparks müssen zunächst noch gebietsfremde Fichtenforste langfristig in Laubwälder umgewandelt werden (Ziel ist, bis 2020 alle im Gebiet stehenden Fichten gefällt zu haben). Diese Gebiete sind zum Schutz vor Verbiss (vor allem durch Rehe und Feldhasen) oft von Wildzäunen eingefasst. Gleichzeitig finden sich im Nationalpark bereits heute Gebiete mit einer überraschend natürlichen Ausprägung. Hier wurde die landwirtschaftliche Nutzung (Waldweide) mit Ausnahme der Eichelmast von Schweinen, die bis in die 30er Jahre des vergangenen Jahrhunderts durchgeführt wurde, bereits

1893, die forstwirtschaftliche Nutzung in den 40er Jahren des vergangenen Jahrhunderts eingestellt.

Dominiert wird der Nationalpark durch drei Täler, dem Nackarpsdalen mit dem Odensjön im Süden, dem nur schwach ausgeprägten Uggleröd und schließlich dem markantesten Tal, Skäralid im Norden. Dieses setzt sich in den Tälern von Kvärka- und Dejebäck fort. Bei allen diesen Tälern handelt es sich um Spaltentäler, die ihren Ursprung in den verschiedenen Verwerfungsphasen haben. In den fast rechtwinkligen Verläufen lassen sich die dabei herrschenden Kräfteverhältnisse heute gut nachvollziehen.

Ähnlich wie in Klöva hallar waren auch die Täler des Nationalparks während der Eiszeiten größtenteils durch stationäre Eismassen vor glazialer Überprägung geschützt. Und auch hier haben sich gewaltige Felssturzhalden in den Talsohlen unterhalb von senkrechten Felswänden gebildet, die bis heute vor allem im Spätwinter durch weitere Felsabbrüche immer weiter anwachsen. Wind und Niederschläge, die hier direkt zwischen den Felsblöcken hindurchsickern, spülen Pflanzensamen fort; in nordexponierten Hängen bleibt der Schnee lange liegen, während die südexponierten Hänge sehr warm und trocken sind. Alles dies sind Faktoren, die – wenn überhaupt – nur einen sehr spärlichen Bewuchs der Felssturzhalden zulassen. Oft werden die Blöcke lediglich von Flechten überzogen.

Das Tal Skäralid nimmt nicht nur auf Grund seiner besonderen Szenerie – nicht umsonst trägt es den Beinamen „Der Grand Canyon von Skåne" – , sondern auch durch seinen Artenreichtum bei Moosen, Flechten, Farnen (ein besonderes Schutzprogramm läuft für den Zarten Schildfarn) und Pilzen eine besondere Stellung innerhalb des Nationalparks, aber auch schwedenweit ein. Nirgendwo sonst in Schweden findet man so viele Arten auf so dichtem Raum. Dies gilt auch für Insekten. 60 Arten der Roten Liste konnten hier gezählt werden, einige haben hier ihr einziges bekanntes Vorkommen in Skandinavien.

Neben der Rotbuche sind Stieleichen auf dem Plateau und Traubeneichen an südexponierten Talflanken die wichtigsten Vertreter der Edellaubwälder auf dem Söderåsen. Pionierbäume, also Baumarten, die Windwurfflächen (oder die in Folge des Waldumbaus entstehenden Kahlschlagflächen), aber auch die Felssturzhalden zuerst besiedeln, sind Birken und Vogelbeeren. In feuchten Gebieten dominieren Grau- und Schwarz-Erle, während die Winter-Linde auf den trockenen Standorten – direkt an den Abbruchkanten der Felsen sowie in den höchstgelegenen Bereichen der Felssturzhalden – wächst.

Besonders die an Totholz reichen Wälder in den schwer zugänglichen und daher kaum forstwirtschaftlich genutzten Tälern sind ein wertvolles Refugium für zahlreiche Vogelarten. Die Hohltaube, Symboltier des Nationalparks, brütet in Baumhöhlen, bei denen es sich oft um verlassene Spechthöhlen handelt. An den Flussläufen leben Wasseramsel, Gebirgsstelze und Schwanzmeise. Erwähnenswert sind auch die in den Felswänden brütenden Kolkraben.

Naturreservat Nackarp (Abstecher von Etappe 5)

Das 43 Hektar große Naturresevat Nackarp ersetzt seit 2004 das 1970 ausgewiesene 150 Hektar große Naturreservat Nackarps dal. Das Naturreservat Nackarps dal wurde aufgehoben, da es nach der Ausweisung des Nationalparks Söderåsen zum größten Teil innerhalb des übergeordneten Schutzgebiets lag. Das neu eingerichtete Naturreservat Nackarp wurde daher um Flächen, die zuvor nicht unter Schutz standen, ergänzt. Es umfasst eine aus geologischer Sicht interessante Landschaft mit Buchenwäldern, Eichenbeständen, offenen Weideflächen und Äckern am Fuß des Söderåsens. Das Naturreservat Nackarp liegt nicht direkt am Ås till ås-leden, stellt aber vor allem für jeden, der die Wanderung in Röstånga ab- oder unterbricht ein einfach zu erreichendes Ziel dar, beginnt es doch direkt nördlich der Ortschaft.

Im Norden wird das Naturreservat geprägt von buchenbestandenen Hügeln (vom schwedischen Geologen Assar Hadding 1922 als „zuckerhutförmige Bergruinen" beschrieben) aus verwittertem Gneis, in denen vereinzelte Diabasgänge zu finden sind. Diese Hügel haben wahrscheinlich ein in dieser Form sehr hohes Alter, da die Einflüsse der letzten Eiszeit – bedingt durch die Lage unter einer schützenden, stationären Eisdecke – als sehr gering angesehen werden. Auch einige kleine Basaltkuppen sind sichtbar. Im Osten wird das Naturreservat von einem flachen, vor rund 13.000 Jahren durch einen Schmelzwasserfluss gebildeten Tal begrenzt, dessen westlicher Hang entlang einer Verwerfungslinie verläuft. Hier, im Osten des Naturreservats, verläuft auch die ehemalige Eisenbahntrasse zwischen Röstånga und Skäralid, die heute als Fahrrad-, Spazier- und Reitweg genutzt wird.

Die Hügel sind mit Buchenwäldern bestanden, die in den oberen Bereichen relativ artenarm sind. Im Frühling blühen hier Busch-Windröschen in großer Zahl. Mit abnehmender Höhe mischen sich Zweiblättrige Schattenblume, Waldsauerklee und Siebenstern dazwischen, in einigen Hängen auch Goldnessel, Zwiebel-Zahnwurz und Hain-Veilchen. Am Fuß der Hügel ist die Erde besonders feucht und nährstoffreich, wovon Waldbingelkraut, Gelbes Windröschen, Wald-Veilchen, Dunkles Lungenkraut und Quirl-blättrige Weißwurz profitieren. Die Buchenwälder gehen dann in kleine Eichenbestände, Weideflächen und einige Äcker über. Hier trifft man auf typische Vertreter, die dem Weidedruck standhalten oder sogar davon profitieren: Berg-Platterbse, Gold-Hahnenfuß, Wiesen-Sauerampfer und Scharbockskraut.

Naturreservat Gällabjer (Etappen 5 und 6)

Das 1977 ausgewiesene Naturreservat Gällabjer (es gibt auch andere Schreibweisen, beispielsweise die für den Lagerplatz des Ås till åsleden verwendete „Jällabjär") umfasst 131 Hektar. Der namengebende Vulkan-kegel Gällabjer, im Südosten des Naturschutzgebietes gelegen, überragt mit einer Höhe von 124 Metern die umgebene Ebene um etwa 50 Meter. Er ist der markanteste von rund 150 Vulkankegeln in Mittelskåne – der einzi-gen Region in Schweden, in der vulkanische Gesteine in größerem Umfang nachgewiesen werden können. Obwohl der etwa 80 Millionen Jahre alte Basaltkegel während der Eiszeiten glazial überprägt wurde, ist die „typische" Vulkanform gut zu erkennen, im Gipfelbereich treten einige Basaltsäulen zutage.

Der Gällabjer wird von einer abwechslungsreichen Landschaft umgeben, in der sich offene Weideflächen mit Laubwäldern abwechseln. Diese hat einen hohen kulturhistorischen Wert, da es sich hierbei um die letzten als „utmark" bezeichneten Gebiete handelt, die sich in dieser Region erhalten haben. Bei der „utmark" handelte es sich im 19. sowie zu Beginn des 20. Jahrhunderts um die Gebiete, die für den Ackerbau ungeeignet waren oder so weit von den Ortschaften entfernt lagen, dass die einzige rentable Nutzung die Viehweide war. Das Gebiet des Naturreservats, dessen Ziel es ist, diese einst in Skåne dominierende Kulturlandschaft wiederherzustellen und zu erhalten, wurde von den Landwirten in Kolema und Röstånga als „utmark" genutzt – ein Hinweis auf die eher schlechten Böden, weniger auf die Entfernung zu den Höfen.

Die Beweidung förderte die Ausbreitung von Hänge-Birken, die noch heute auf den Weideflächen dominieren. Die Steinmauern werden unter anderem von Gemeiner Hasel, Schlehdorn, Espe und Sal-Weide gesäumt. In den feuchteren Partien, die weniger stark der Beweidung ausgesetzt waren, konnten sich großflächig Bestände der Schwarz-Erle halten, die zur Brenn-holz- und Futtergewinnung geschneitelt wurden. In der Karutschicht wächst hier das Echte Mädesüß. An den Hängen des Gällabjer wachsen Rotbuchen, im Unterwuchs die Gewöhnliche Goldnessel.

Besonders schön ist das Naturreservat im Frühling, wenn die Weideflächen von Teppichen aus Busch-Windröschen überzogen werden. In den Wäldern blühen dann der Mittlere Lerchensporn sowie das unscheinbare Moschuskraut. Später im Jahr folgen Blutwurz, Zwiebel-Zahnwurz, Harzer Labkraut, Wiesen-Wachtelweizen und Rundblättrige Glockenblume.

Von den offenen Weideflächen im Wechsel mit Hecken und kleinen Wäldchen profitiert eine reiche Avifauna. Während die Vögel im Laubwald, als Beispiel seien hier Waldlaubsänger, Gelbspötter und Rotkehlchen genannt, vor allem durch ihren Gesang auffallen, können auf den Weiden Bluthänfling, Neuntöter, Kernbeißer, Klappergrasmücke und Braunkehlchen beobachtet werden.

Naturreservat Södra Hultarp (Etappen 6 und 7)

1979 wurde das 22 Hektar große Naturreservat Södra Hultarp ausgewiesen, um ein Laubwaldgebiet, dass sich weitestgehend ungestört von menschlichen Eingriffen auf ehemals landwirtschaflich genutzten Flächen entwickelt hat, zu schützen. Dieses besteht in erster Linie aus Rot- und Hainbuchen. In der Bodenvegetation finden sich nur wenige Arten wie Leberblümchen, Busch- und Gelbes Windröschen, Scharbockskraut, Gewöhnliche Goldnessel sowie Große Sternmiere.

Naturreservat Allarps bjär (Etappe 7)

1984 wurden auf einer Fläche von 45 Hektar die Edellaubwälder rund um den Schlotpfropfen des vor 200 bis 80 Millionen Jahren aktiven Vulkans Allarps bjär als Naturreservat ausgewiesen. Dieses erhielt zunächst den Namen Allarps berg, der dann fünf Jahre später jedoch auf Grund der regionalen Verankerung der Bezeichnung „bjär" für „Berg" geändert wurde.

Der Allarps bjär war, wie die anderen Vulkane in Mittelskåne, im Jura und der frühen Kreidezeit aktiv. Allerdings kam es wahrscheinlich nie zu einem Ausbruch. Das Magma blieb hingegen während des Aufstiegs im Schlot stecken und kühlte dort ab. Das umgebene Gestein verwitterte mit der Zeit, der harte Basalt aus dem Schlot, der an einigen Stellen im Naturreservat mit den typischen sechskantigen Säulen zutage tritt, konnte der Erosion bis heute standhalten.

Der Wald konnte sich vor allem an den Hängen des Allarps bjär Dank der schweren Zugänglichkeit weitestgehend verschont von menschlichen Eingriffen entwickeln. Im nährstoffreichen Gipfelbereich des Vulkans besteht er aus Spitzahorn, Winter-Linde, Bergulme, Gemeiner Esche und Vogel-Kirsche, an den Hängen wachsen hingegen Mischwälder aus Rotbuchen und Stieleichen. Hainbuchen kommen im gesamten Naturreservat vor.

Besonders schön präsentieren sich die Wälder im Frühjahr, wenn Leberblümchen, Gelbes und Busch-Windröschen sowie Hohler Lerchensporn, später im Jahr dann Waldbingelkraut, Waldmeister, Bach-Nelkenwurz und Akeleiblättrige Wiesenraute blühen. Auch der knoblauchartige Duft des Bärenlauch erfüllt in dieser Zeit den Wald.

Naturreservat Dagstorp (Abstecher von Etappe 7)

Bereits 1960 wurde wurde ein Gebiet am Nordufer des Dagstorpssjön, im Norden des Naherholungsgebiets Frostavallen gelegen, vom Skånes naturskyddsföreningen (Naturschutzverein Schonen) als Naturdenkmal vorgeschlagen, später dann als Naturreservat. Obwohl man nur das aus einer abwechslungsreichen Geologie und Topografie bestehende Landschaftsbild ohne Nutzungseinschränkungen erhalten wollte, gab es enorme Widerstände der Grundbesitzer. Diese konnten beigelegt werden, als die Stiftelsen för fritidsområden i Skåne (Stiftung für Freizeitgebiete in Schonen) die Flächen aufkaufte und eine Unterschutzstellung forderte. In Folge dessen wurde 1970 das 42 Hektar große Naturreservat Dagstorp ausgewiesen.

Ursprünglich war vorgesehen, das Naturreservat auf den gesamten Dagstorpssjön und die umliegenden Flächen auszuweiten. Doch lediglich 1979 wurde das Naturreservat auf einer im Nordosten an das ursprüngliche Schutzgebiet angrenzenden Fläche um 62 Hektar erweitert. Diese besteht aus einer Weidelandschaft, die im 18. und 19. Jahrhundert wahrscheinlich nahezu baumfrei war (ausladend gewachsene Bäume in den Waldgebieten sind ein deutlicher Hinweis darauf), seit dem 20. Jahrhundert jedoch auf Grund der nachlassenden Beweidung langsam zuwuchs. Die Erweiterung des Naturreservats hat die Verhinderung einer weiteren Verbuschung und Bewaldung des Gebiets zum Ziel.

Naturreservat Ekastiga (Abstecher von Etappe 7)

Das Naturreservat Ekastiga wurde 1980 auf einer Fläche von 53 Hektar ausgewiesen, um die „sozialen Naturwerte" im Übergang zwischen dem nördlich gelegenen Naherholungsgebiet Frostavallen und der im Süden liegenden, etwa 8.000 Einwohner umfassenden Kleinstadt Höör unter Schutz zu stellen. Zu diesen „sozialen Naturwerten" gehört eine abwechslungsreiche Landschaft aus Wäldern (diese werden von Rotbuchen geprägt) und offenen Acker- und Weideflächen. 1987 wurde das Naturreservat um einen langgestreckten und das Landschaftsbild dominierenden Kieselsteinos auf 75 Hektar erweitert.

Oser bestehen aus subglazial, also unter Gletschereis, abgelagerten Schmelzwassersedimenten (vor allem Sanden und Kiesen). An ihrer Ausrichtung lässt sich die Bewegungsrichtung des Eises ablesen, da die subglazialen Schmelswässer immer parallel zu dieser abfließen. In der eisfreien Landschaft erheben sich Oser als langgestreckte, an Bahndämme erinnernde Höhenzüge über die Umgebung, oft in glazialen Rinnen. Da das subglazial fließende Wasser unter hohem Druck steht, kann es kurzfristig auch aufwärts fließen. Dies führt oft zu einem unregelmäßigen Höhenprofil oder sogar Unterbrechungen im Verlauf eines Os. Der Os im Naturreservat Ekastiga weist durchgehend ausgesprochen steile Flanken auf und verzweigt sich in einigen Bereichen. Im Anschluss an den Os gibt es einige feuchte Senken. Dabei handelt es sich um Toteislöcher. Hier schmolzen vom Gletscher abgebrochene Eisblöcke in der Grundmoräne ab.

Das Naturreservat wird durch nahrstoffarme Böden geprägt, was eine heideartige Vegetation begünstigt. Lediglich auf dem Os und in dessen direkter Umgebung wachsen Echtes Mädesüß, Goldnessel, Busch-Windröschen, Waldbingelkraut, Leberblümchen und an feuchteren Stellen auch die Sumpfdotterblume auf nährstoffreicheren Böden.

Naturreservat Frostavallen – Ullstorp (Etappe 7)

Auf Vorschlag der Grundeigentümer wurde das 50 Hektar große Naturreservat Frostavallen – Ullstorp, dessen Südgrenze vom Ås till åsleden berührt wird, 1969 innerhalb des Naherholungsgebiets Frostavallen ausgewiesen.

Das Gebiet wird von durch Rotbuchen dominierte Laubwälder geprägt. An feuchteren Stellen wird die Rotbuche durch Erlen abgelöst. In die Wälder sind Äcker und Weiden eingebettet. Nach Ullstorp führt eine alte Spitzahornallee.

Naturreservat Hjällen (Etappe 10)

Das 33 Hektar große Naturreservat Hjällen wurde 2011 an der Nordgrenze des Naherholungsgebiets Fulltofta ausgewiesen. Kern sind die naturnahen Edellaubwälder, die vor allem am Südhang des die umliegende Landschaft um rund 35 Meter überragenden Hjällen wachsen. Die ältesten Bäume – überwiegend Rotbuchen, in kleinerem Umfang Hainbuchen und Spitzahorn – sind hier über 150 Jahre alt. Entsprechend groß ist der Totholzanteil, der den Hjällen zu einem wichtigen Biotop für zahlreiche vom Aussterben bedrohte Pilze (hier ist besonders der Ästige Stachelbart hervorzuheben), Moose, Flechten (beispielsweise die Echte Lungenflechte, die zudem auf eine besonders saubere Luft hinweist) und Insekten macht. Im Naturreservat konnten auch mehrere Brutpaare der Hohltaube festgestellt werden.

Zentral im Naturreservat liegt ein kleines Moorgebiet, dass durch einen Sumpfwald umgeben wird. In diesem wächst der seltene Sumpffarn.

Große Teile des Naturreservats wurden mindestens seit der älteren Eisenzeit als Acker und Weide genutzt, so dass auch zahlreiche kulturhistorische Spuren (Lesesteinhaufen und –mauern) das Schutzgebiet prägen.

Der Ås till åsleden verläuft knapp außerhalb der Südwestgrenze des in diesem Bereich weglosen Naturreservats.

Naturreservat Timan (Etappe 11)

Gerade einmal sechs Hektar groß ist das 2011 ausgewiesene Naturreservat Timan, dessen Südgrenze vom Ås till åsleden berührt wird. Trotzdem ist es von hohem biologischen Wert. Seit mindestens 1684 wächst hier Buchenwald, der sich auf Grund einer überraschend langen von menschlichen Einflüssen nahezu ungestörten Entwicklung sehr naturnah ausbilden konnte (erst Ende des 20. Jahrhunderts wurden zwei kleine Fichtenbestände auf dem Gebiet des heutigen Naturreservats angepflanzt). Jungwuchs und alte, teilweise bereits abgestorbene Buchen wechseln sich ab, umgestürzte Bäume liegen am Boden. Dies begünstigt das Vorkommen zahlreicher seltener und vom Aussterben bedrohter Arten, vor allem Flechten und Baumpilze. Unter den Vögeln sind besonders Schwarz- und Kleinspecht zu nennen.

Naturreservat Fjällmossen – Viggarum (Abstecher von Etappe 12)

Das 1984 ausgewiesene, 85 Hektar große Naturreservat Fjällmossen – Viggarum ist vom Ås till åsleden leider nur über einen langen und wenig attraktiven Umweg zu erreichen. Es liegt am Südrand des weitestgehend von menschlichen Eingriffen unberührten Hochmoorgebiet Fjällmossen. Dieses ist das südlichste in Schweden und Teil des UNESCO-Biosphären-reservats Kristianstads vattenrike. Allerdings schützt nur ein kleiner Teil des Schutzgebiets das – innerhalb des Naturreservats in geringem Umfang von Torfabbau geprägte – Moorgebiet, das im Randbereich in Sümpfe übergeht. Fast drei Viertel der Fläche des Schutzgebiets werden aus einer mit Laubwäldern durchsetzten und Wacholder bestandenen Heidelandschaft geprägt.

Naturreservat Verkeån (Abstecher von Etappe 13)

Das hier (und auch oft von offizieller Seite) als ein Naturreservat dargestellte Naturreservat Verkeån besteht genau genommen aus zwei Schutzgebieten, dem 1.430 Hektar großen Naturreservat Verkeån I, 1975 ausgewiesen, und dem 2009 aus den Naturreservaten Verkeån II:1 (1977) und Verkeån II:2 (1989) neu gebildeten, 1.136 Hektar großen Naturreservat Verkeån Agusa – Hallamölla. Dabei wird vor allem der Talgang des zu den saubersten Flüssen in Skåne zählenden Verkeån geschützt, wodurch sich eine Länge des Schutzgebiets von fast 20 Kilometern ergibt. Nördlich der Quelle des Verkeån umfasst das Naturreservat zudem den überwiegend mit Laubwäldern bewachsenen, bis zu 15 Meter hohen Os Jären (auch als Hörrödsåsen bezeichnet), einen der am deutlichsten ausgebildeten Oser in Skåne.

Der Ås till åsleden endet zwischen zwei Teilgebieten des Naturreservats Verkeån Agusa - Hallamölla. Setzt man die Wanderung ab Agusa auf dem Österlenleden nordwärts fort, erreicht man die Exklave bei Hörröd; wandert man auf dem Österlenleden dem Verkeån folgend flussabwärts, passiert man, beginnend mit einer langen Passage auf dem Jären, alle wichtigen Sehenswürdigkeiten des Naturreservats.

Wo der Verkeån in einem rechten Winkel nach Osten abknickt, liegt das ehemalige Bergwerksgebiet Andrarum. Hohe Schlackekegel zeugen bis heute vom Alaunabbau, der hier in den Jahren 1637 bis 1925 stattfand. Die Einnahmen aus dem ehemals wichtigsten Industriegebiet in Skåne legten den Grundstein für das nahegelegene Herrenhaus Christinehovs slott. Dieses wurde in den 30er Jahren des 18. Jahrhunderts durch die

Industriellenwitwe Christina Piper erbaut. Heute dient es unter anderem als Zentrum für ein groß angelegtes Naturschutz- und Renaturierungsprojekt, den Christinehovs ekopark.

Mit einer gesamten Fallhöhe von 23 Metern ist der Wasserfall an der Mühle Hallamölla der höchste in Skåne. Der Verkeån schneidet sich hier tief in das Grundgebirge ein. Die Mühle, deren Geschichte bis ins 15. Jahrhundert zurückreicht, wird an ausgewählten Tagen im Jahr in Betrieb genommen und kann dann auch besichtigt werden.

Wo sich das Tal des Verkeån öffnet, erheben sich mächtige Hügel aus kalkreichen Sanden, die Brösarps backar. Auf diesen wächst ein nahezu ausschließlich in den baltischen Staaten und Südschweden vorkommender Vegetationstyp, die Sandsteppe. Charakterarten sind hier die Sand-Nelke und die Traubige Graslilie. Die Pflanzen profitieren von den zahlreichen Wildkaninchen und der Beweidung mit Rindern. Beides fordert zum einen regelmäßig kalkreichen Sand an die Oberfläche und schafft gleichzeitig vegetationsfreie Flecken, auf denen sich diese nicht besonders konkurrenzstarken Arten ansiedeln können.

Aus zoologischer Sicht ist besonders der Verkeån mit zahlreichen auf sauberes Wasser angewiesenen Wirbellosenarten von großer Bedeutung. Oberhalb des Wasserfalls bei Hallamölla existiert ein stationäres Bachforellenvorkommen, während die Population im Unterlauf den Fluss nur für die Eiablage nutzt. Wasseramsel, Gebirgsstelze und Eisvogel brüten am Fluss. Als Rarität der offenen Gebiete kann der Brachpieper genannt werden, ebenso wie die Zauneidechse.

Wer die Wanderung auf dem Ås till åsleden nach der Ankunft in Agusa auf dem Österlenleden durch das Naturreservat Verkeån fortsetzt, sollte darauf achten, dass das Jedermannsrecht hier eingeschränkt ist. Übernachtungsmöglichkeiten gibt es am Verkasjön sowie bei Vantalängan, einer Hütte aus dem 19. Jahrhundert. Quellwasser gibt es an keiner der beiden Rastplätze, es empfiehlt sich, das Wasser aus dem Verkasjön beziehungsweise dem Verkeån vor dem Verzehr abzukochen oder – besser noch – zu filtern.

Kulturhistorie

Skåne ist, selbst auf den Höhenzügen, eine seit Jahrtausenden vom Menschen geprägte und besiedelte Kulturlandschaft. Darauf weisen vorhistorische Äcker aus der jüngeren Bronze- und älteren Eisenzeit hin, die in der heutigen Landschaft durch flache Steinwälle oder Steinhaufen sichtbar sind. Die durch Brandrodung urbar gemachten Äcker wurden so lange bewirtschaftet, wie der Boden über ausreichend Nährstoffe verfügte (in der Regel war dies nur einige Jahre der Fall), um anschließend neues Land zu erschließen. Diese Form der Bewirtschaftung wurde in einigen Gebieten bis ins 19. Jahrhundert hinein betrieben.

Zwischen den vorhistorischen Äckern liegen bronze- und eisenzeitliche Wohnstätten sowie, für den Laien sehr viel einfacher erkennbar, Hügelgräber. Diese wurden für ausgewählte Verstorbene errichtet und oft auf Anhöhen platziert. Während die Hügelgräber aus der frühen Bronzezeit noch mannslange Steinsärge enthielten, wurden die Verstorbenen später für gewöhnlich verbrannt, so das die Särge entsprechend kleiner wurden. Über den Särgen wurde ein Hügel aus Steinen aufgeschichtet. Das bekannteste Hügelgrab Schwedens dürfte das in Kivik sein – ein schönes Ausflugsziel nach Abschluss der Wanderung auf dem Ås till åsleden. Hier wurde der mit Steinritzungen verzierte Sarg im Inneren des Hügelgrabs zugänglich gemacht.

Weitere ältere Spuren menschlicher Besiedlung sind Schiffssetzungen (z.B. Ales stenar an der Südküste von Skåne, ein weiteres lohnendes Ausflugsziel im Anschluss an die Wanderung auf dem Ås till åsleden), Steinkreise (der Ås till åsleden passiert einen bei Ekeröd) und Bautasteine, die bereits aus der Jungsteinzeit stammen. Alle diese Bauwerke scheinen als Grabanlagen errichtet worden zu sein.

Die Besiedlung Skånes fand – analog zu den heutigen Ballungsräumen – vor allem im fruchtbaren Tiefland und entlang der Küsten statt. Im Inland geht man davon aus, dass die ersten Siedlungen während der späten Wikingerzeit und im frühen Mittelalter angelegt wurden. In unmittelbarer Nachbarschaft zu den Siedlungen wurden Äcker und Felder angelegt, während das Vieh im Sommer über weite Strecken auf die Höhenzüge und in die Wälder getrieben wurde (diese ließen sich auf Grund einer nur dünnen, nährstoffarmen Überdeckung des Grundgebirges, in der Regel aus glazialen Sand- und Tonablagerungen bestehend, nicht zum Ackerbau nutzen), während es die Winter auf den abgeernteten Heuwiesen in Siedlungsnähe verbrachte.

Ab cirka 500 v. Chr. begann der Mensch – unbewusst – die Zusammensetzung der Wälder zu verändern. Von Schweinen, die zur Eichelmast in die Wälder getrieben wurden, profitierte vor allem die Rotbuche (was eventuell auch zur heutigen Dominanz dieser Baumart in den Laubwäldern geführt hat). Dies führte zur Ausbildung diverser Waldformen. Während die Nutzung der Niederwälder frei war, wurde die Nutzung der Hochwälder, besonders zum Ende des 17. Jahrhunderts hin, streng geregelt. In den Hochwäldern wurden die Schweine gemästet – und um eine Übernutzung zu verhindern, wurde die Anzahl der Tiere streng reglementiert. Den Zuschlag erhielten häufig die reichen Landwirte aus der fruchtbaren Tiefebene. Ein Schweinehirte achtete auf die Tiere, die nachts in sogenannte „Schweinehäuser" getrieben wurden. Die auf den Höhenzügen siedelnden ärmeren Menschen hatten hingegen in der Regel keinen Zugang zu den Hochwäldern.

Auch wenn die Natur am Ås till åsleden heute oft recht ursprünglich wirkt, so sind die Wälder in der Regel doch eher jung, oft gerade einmal um die 100 bis 150 Jahre alt (so hatten beispielsweise die Wälder auf dem Söderåsen um 1860 ihre geringste Ausbreitung). Im 18. und 19. Jahrhundert dienten die heutigen Waldgebiete vor allem als Weiden, zunächst oft in der Form von Waldweiden (beispielsweise die bereits erwähnte Eichelmast für Schweine oder Laubweide für Kühe). Dies verhinderte eine Verjüngung der Wälder, die nach und nach immer lichter wurden. Dazu kam ein großer Druck auf die Wälder als Bau- und Brennholzlieferant. So bildeten sich oft verschiedene Heidetypen aus (diese Landschaftstypen konnten sich kleinräumig erhalten und werden auch im Verlauf des Ås till åsleden passiert). Vereinzelte ältere, groß und ausladend gewachsene Bäume (vor allem Buchen und Eichen) in einem ansonsten aus jüngeren Bäumen bestehenden Wald deuten heute auf diese Form der Landnutzung hin. Entlang von Flüssen, aber auch auf den Plateaus von Söder- und Linderödsåsen, wurden Wiesen für die Heuernte angelegt. Fast überall in Skåne trifft man auf Steinmauern aus dieser Zeit, die der Begrenzung von Grundstücken und Weiden dienten.

Entlang des Ås till åsleden stößt man häufig auf die Grundmauern kleiner Gehöfte. Sie sind eindrucksvolle Denkmäler einer längst vergangenen Zeit, in der wenige Grundbesitzer sich das Land aufteilten. Durch einen starken Bevölkerungsanstieg, der Ende des 18. bis Ende des 19. Jahrhunderts seinen Höhepunkt erreichte und mit einer Umstrukturierung in der Landwirtschaft vom eher auf den Eigenbedarf zu einem für die breite Masse orientierten Anbau einherging, zogen viele vor allem ärmere Menschen in die wenig erschlossenen Gebiete in Zentralskåne und auf den Gebirgszügen. Auf dem Land der Grundbesitzer durften sich Häusler, vor allem an den Grundstücksgrenzen (weit ab von den Haupthöfen und auf oft besonders nährstoffarmen Böden) in einfachen Katen ansiedeln. Die Miete wurde als Arbeitsleistung für den Grundbesitzer gezahlt, nebenbei wurde auf dem eigenen Besitz einfache Landwirtschaft betrieben. In den 70er und 80er Jahren des 19. Jahrhunderts wurden diese „Mietverhältnisse" sukzessive aufgelöst, viele der Häusler erhielten eigene kleine Grundstücke, auf denen der Lebensunterhalt gesichert werden konnte.

Die Snapphanar

Bis Mitte des 17. Jahrhundert gehörte Skåne zur dänisch-norwegischen Personalunion. Am 5. Juni 1657 erklärte der dänische König Fredrik III., der diesen Staatenbund führte, Schweden den Krieg (als Erster Nordischer Krieg bezeichnet). Da sich Schweden bereits in Kriegen mit Polen und Russland befand, hoffte er, dass er Schweden schlagen und damit seine Macht im Norden Europas ausbauen könnte. Die erste Schlacht fand elf Tage nach der Kriegserklärung im damals unter schwedischer Verwaltung befindlichen Bremen statt. Nach anfänglichen Erfolgen geriet Dänemark jedoch immer mehr unter Druck. Am 26. Februar 1658 wurde der Frieden von Roskilde geschlossen, in dem Dänemark-Norwegen die zu Dänemark gehörenden Provinzen Skåne, Blekinge sowie das bereits 1645 im Frieden von Brömsebo für 30 Jahre an Schweden gefallene Halland, die Ostseeinsel Bornholm sowie die norwegischen Provinzen Båhuslen (das heutige schwedische Bohuslän) und Trondheims len mit dem Romsdal an Schweden abgeben musste.

Der Frieden hielt nicht lange. Obwohl neben den Kriegen gegen Polen und Russland auch zwei weitere gegen Österreich und Brandenburg hinzugekommen waren, griff der schwedische König Karl X Gustaf am 7. August 1658 mit dem Ziel, ganz Skandinavien unter schwedische Herrschaft zu stellen, Dänemark an. Dies war der Auftakt zum sogenannten Zweiten Nordischen Krieg. Trotz herber Verluste ließ Karl X Gustaf bis zu seinem Tod am 13. Februar 1660 seine Truppen kämpfen. Der Tod des Königs machte den Weg frei für den Frieden von Kopenhagen, der am 27. Mai 1660 geschlossen wurde. Schweden musste Bornholm und Trondheims len an die dänisch-norwegische Personalunion zurückgeben, womit der heutige Grenzverlauf Schwedens festgelegt wurde.

Diese Kriege führten in den von Schweden eroberten, ursprünglich zu Dänemark gehörenden Regionen zur Bildung einer bewaffneten Widerstandsbewegung. Diese Freischärler, die sich aus Bauern, die gegen die schwedischen Steuerforderungen rebellierten, lokaler Bevölkerung, die sich dem Dienst in der schwedischen Armee entzogen, entlaufenen Gefangenen und dänischen Nationalisten zusammensetzten, werden als Snapphanar („Schnapphähne") bezeichnet. Durch ihre Ortskenntnisse und den Rückhalt in der örtlichen Bevölkerung, der sich von den Snapphanar allerdings teilweise auch mit Gewalt gegen Unterstützer der schwedischen Truppen eingeholt wurde, stellten sie für das schwedische Militär einen ernsthaften Gegner dar, der diesen teilweise auch schwere Verluste zufügte. Vor allem während des Schonischen Kriegs von 1675 bis 1679 – diesmal war es wieder Dänemark, das Schweden, seit 1674 im Krieg mit Brandenburg, in der Hoffnung auf Landrückgewinne angriff – spielten die Snapphanar eine wichtige Rolle. Die Schweden selbst bestraften gefangen genommene Snapphanar, die sie als friedlos ansahen, ohne Gerichtsverhandlung mit dem Tod – oft wurden zur Abschreckung besonders brutale Hinrichtungsmethoden wie Rädern und Pfählung angewandt. 1677 verbot der dänische König Christian V. die „private Kriegsführung gegen Schweden", wodurch die Snapphanar-Bewegung deutlich geschwächt wurde. 1703 wurde der letzte Snapphane in Schweden hingerichtet.

Die Snapphanar sind jedoch in vielen Legenden und Erzählungen lebendig geblieben. Viele Plätze entlang des Ås till åsleden werden bis heute mit ihnen in Verbindung gebracht.

Etappe 1: Tingvalla (Åstorp) – Håläbäck (8 km)

Åstorp (10.000 Einwohner), etwa 20 Kilometer nordöstlich von Helsingborg am Übergang aus dem nordschonischen Tiefland zum Söderåsen gelegen, ist eine typische südschwedische Kleinstadt. Die Makadamfabrik am Nordwestausläufer des Söderåsens, 1893 gegründet, zählte in den 20er und 30er Jahren des vorigen Jahrhunderts zu den größten ihrer Art in Schweden. Hier wird bis heute Schotter (Makadam) für den Bau unbefestigter Straßen abgebaut. Bis in die 70er Jahre des letzten Jahrhunderts hinein war Åstorp ein wichtiger Eisenbahnknotenpunkt im Nordwesten von Skåne. Heute hält nur noch der Pågatågen von Helsingborg nach Kristianstad. Turistinfo: Storgatan 7, Informationen im Internet unter www.astorp.se (Schwedisch).

Sehenswürdigkeiten

Björnekulla klint. Ein Rundweg zu mehreren Aussichtsplätzen oberhalb des Steinbruchs am Nordwestausläufer des Söderåsen. Bei gutem Wetter reicht der Blick bis zur Halbinsel Kullen. Tafeln informieren über die jeweilige Aussicht.

Björnekulla kyrka (Järnvägsgatan 24). Die am 1. Advent 1889 eingeweihte Kirche ersetzte die zu klein gewordene Kirche aus dem 13. Jahrhundert, die am gleichen Platz gestanden hatte. Lediglich das Taufbecken aus dem frühen sowie das Triumpfkruzifix aus dem späten 13. Jahrhundert sind aus dieser Zeit erhalten. Ansonsten stammt das Interieur vor allem aus den frühen 70er Jahren des 20. Jahrhunderts. Darunter befindet sich im Chor ein dreiteiliges Fensterbild mit dem Titel „Fönster mot Himmelen" („Fenster zum Himmel") von Erik Olsson. Die Kirche ist an Wochentagen von 8 bis 14:30 Uhr geöffnet. Die beiden Glocken, Lillklockan („die kleine Glocke"), 1851 in Jönköping gegossen, und Storklockan („die große Glocke"), die 1888 in Stockholm gefertigt wurde, läuten samstagabends um 18 Uhr. Die Gottesdienstzeiten können auf der schwedischsprachigen Internetseite www.svenskakyrkan.se/bjornekulla abgefragt werden.

Kulturhuset Björnen (Trädgårdsgatan 1). Im Mai 1977 wurde das heutige Kulturhaus eingeweiht – in seiner ursprünglichen Funktion als Kirche. Die 77.000 Kronen, die der von Carl Andrén entworfene Bau kostete, wurden vom ortsansässigen Fabrikanten Janne Johansson gestiftet. Anfang der 90er Jahre kamen Pläne auf, die Kirche auf Grund der hohen Unterhaltskosten und der zurückgehenden Besucherzahlen abzureißen. Doch die

Gemeinde Åstorp entschied sich 1996, das Gebäude auf Grund des kulturhistorischen Wertes zum Preis von 250.000 Kronen zu kaufen und daraus einen kulturellen Treffpunkt der Einwohner zu entwickeln. 2002 wurde das Architekturbüro BFAB mit dem cirka 13 Mio. Kronen teuren Umbau zum Kulturhaus beauftragt, das am 29. März 2004 eingeweiht wurde. Der Name „Björnen" („der Bär"), der sich aus dem Stadtwappen ableitet, wurde im Rahmen eines öffentlichen Wettbewerbs durch die Einwohner von Åstorp vorgeschlagen und gewählt. Das Kulturprogramm, überwiegend Konzerte und Theateraufführungen, kann über die Touristinformation oder im Internet unter www.astorp.se > Uppleva > Kulturhuset Björnen (Schwedisch) abgefragt werden.

Nyvångs Gruvmuseum (Gruvgatan). Das etwa drei Kilometer außerhalb des Stadtzentrums gelegene Museum erinnert an die größte Kohlenmine Schwedens. Diese wurde 1966 stillgelegt. In der alten Maschinenhalle der Grube (Schacht Carl Cervin) wird unter anderem ein Film über den Untertageabbau in den 30er Jahren des 20. Jahrhunderts gezeigt. Überragt wird die Maschinenhalle vom Wasserturm, von dem aus die Einwohner sowie das Dampfkraftwerk von Åstorp mit aus der Grube abgepumptem Wasser versorgt wurden. Das Museum ist nur in den Sommermonaten an Wochenenden geöffnet. Die aktuellen Öffnungszeiten, die sich von Jahr zu Jahr ändern können, können der schwedischsprachigen Webseite www.nyvangsgruva.se entnommen werden.

Perslunds hembygdsgård (Perslund). Herzstück des kleinen Heimatmuseums ist der Hof Östergård. Dieser wurde vor 1783 im aus etwa 20 Gebäuden bestehenden Dorf Björnekulla by, dort, wo heute der zur Björnekulla kyrka gehörende Friedhof liegt, errichtet. Lediglich die Knechtskammer sowie das Dragonerhaus wurden um 1800 angebaut. 1810 wurden die meisten Häuser in Björnekulla by abgerissen und an andere Plätze verlegt – der Östergård wurde am heutigen Platz wieder errichtet. Dort war er bis Mitte des 20. Jahrhunderts in Betrieb, bis er von den Geschwistern Ingeborg und Carl Linde an den Åstorps hembygdsföreningen („Heimatverein Åstorp") übergeben wurde. 1982 wurde das Ensemble des Östergårds durch Teile des Lindegårds ergänzt.

Ein weiteres Ausstellungsstück des Museums ist eine Windmühle, die 1879 in Höör gebaut und Anfang des 20. Jahrhunderts vom Müller Olof Andersson gekauft und nach Åstorp versetzt wurde. Dort war sie am Nordende der Norra Storgatan (an der Ausfahrt von der Straße 21 auf den Grytevadsvägen) von 1907 bis 1966 in Betrieb, bis Mitte der 30er Jahre als Windmühle, danach elektronisch betrieben. Anfang der 70er Jahre wurde die Windmühle dem Heimatverein gespendet. Auf dem Gelände des Heimatmuseums befindet sich darüber hinaus ein eisenzeitliches Gräberfeld, das erst Ende des 19. Jahrhunderts von Bauern, die ihre Schweine zur Mast in ein Eichendickicht trieben, entdeckt wurde. Obwohl ein Teil des Gräberfelds durch den Bau der Eisenbahntrasse und von Straßen unwiederbringlich zerstört wurde, stellt es heute das älteste Zeugnis einer Besiedlung am Fuße des Söderåsens dar. Bei archäologischen Untersuchungen 1928 wurden auf dem Gräberfeld verbrannte Menschenknochen, Holzkohle, Gebrauchsgegenstände und Tonscherben gefunden.

Weitere Informationen zum Museum erhält man im Internet (leider nur in Schwedisch) unter www.astorpshembygdsforening.se.

Spettkaksbageriet (Östra vägen 2, www.spettkaksbageri.se). Der Spettkaka ("Spießkuchen") ist eine Spezialität Skånes. Es handelt sich hierbei um eine Art Baumkuchen, bestehend aus Eiern, Kartoffelstärke und Zucker. Der Teig wird bei der Produktion ringförmig auf einen Holzspieß, der vor einem offenen Feuer rotiert, laufen gelassen. Der fertige Kuchen ist sehr trocken und wird traditionell, um ein zu starkes Zerkrümeln zu vermeiden, mit einem Sägeblatt in mundgerechte Stücke geschnitten. Die Wurzeln des Spettkaka liegen aller Wahrscheinlichkeit nach im Baumkuchen, der erstmals im Jahr 1578 in einem Mainzer Kochbuch erwähnt und nachweislich spätestens im Jahr 1733 in Schweden zubereitet wurde. Der älteste Beleg für den Spettkaka in seiner heutigen Form ist ein Hochzeitsbericht aus dem Jahr 1839. Die Spettkaksbageriet („Spießkuchenbäckerei") in Åstorp ist eine von nur noch einem knappen Dutzend Herstellern dieser Spezialität (1950 gab es noch 89 Spießkuchenbäckereien), die seit einer gemeinsamen Initiative der Bäckerei in Åstorp mit Johanna Jeppssons Spettkaksbageri in Malmö im Jahr 2000 ein durch die EU geschütztes regionales Produkt ist. Das heißt, dass nur noch in Skåne ansässige Bäckereien den „skånsk spettkaka" produzieren und unter diesem Namen verkaufen dürfen. Öffnungszeiten: Dienstag bis Freitag von 14:00 bis 18:00 Uhr.

Einkaufen:

ICA Kvantum Oj (Trädgårdsgatan 40/Ecke Västergatan). Supermarkt mit einem breiten Angebot an Lebensmitteln, cirka zehn Minuten vom Bahnhof entfernt. Täglich geöffnet von 8:00 bis 21:00 Uhr.

Übernachten:

Hotel Milano (Västra vägen 1, www.hotelmilano.se). Hotel mit 44 Betten. Alle Zimmer (bis zu sechs Personen) mit eigener Dusche, WC, Satelliten-TV und eigener Terasse. Auf Wunsch wird Frühstück angeboten. Etwa zehn Minuten entfernt vom Bahnhof.

Hotel & Restaurant Rosenberg (Gamla Torg 1, www.restaurangrosenberg.com). Kleines Hotel (sieben Zimmer) in der ehemaligen Villa des Fabrikanten Rosenberg im Zentrum von Åstorp, keine zwei Minuten vom Bahnhof entfernt. Der Charme der Wende vom 18. zum 19. Jahrhundert wurde beibehalten.

Vom Bahnhof in Åstorp bis zum offiziellen Startpunkt des Ås till åsleden am Tanzcafé Tingvalla sind es etwa anderthalb (nicht markierte) Kilometer. Da der Bus 229 (Åstorp – Billesholm, Haltestelle Björnåsvägen) nur sehr sporadisch fährt, empfiehlt es sich, diese zu Fuß zurückzulegen.

Man verlässt den Bahnhof nach links (Köpmannsgatan). Nach 200 Metern kommt man an eine Kreuzung, an der die Köpmannsgatan nach links abzweigt. Dieser folgt man bis zum Ende der Straße. Hier beginnt ein Fahrrad- und Fußweg nach Perslund. Diesen verlässt man jedoch vor der Unterführung rechts hinauf zur Västergatan. Auf dieser überquert man nach links wandernd die Eisenbahngleise. Direkt dahinter biegt man nach rechts auf den Vramsvägen ab. Vorbei am Granitsteinbruch der Skånsk Makadamfabriken AB erreicht man nach etwa einem Kilometer Tingvalla (cirka 200 Meter vorher passiert man die Bushaltestelle Björnåsvägen).

Tingvalla (Vramsvägen 9) ist ein 1931 durch Hulda Nilsson eröffnetes Tanzlokal. Mit einem neuen Konzept lockte dieses in den 30er und 40er Jahren jeden Sonntag bis zu 500 junge Leute aus ganz Norwestskåne hierher: Tingvalla war das erste Tanzlokal in Schweden, in dem man nicht pro Tanz bezahlte. Stattdessen verrichtete man einen einmaligen Eintritt, der zu einer unbegrenzten Anzahl an Tänzen berechtigte. Heute ist Tingvalla vor allem bei einem älteren Publikum beliebt. Das Tanzprogramm kann im Internet schwedischsprachig unter www.klubb83.se abgefragt werden.

Tingvalla ist der offizielle Startpunkt für den Ås till åsleden. Von Frühling bis Herbst steht Wanderern tagsüber ein im Keller gelegener Umkleideraum mit Duschen und Toiletten offen. Trinkwasser gibt es an einem Wasserhahn an der Außenwand des Gebäudes.

Auf einer der beiden Brücken überquert man den Skyttabäcken, an dessen Ufer man dann auf einem Forstweg in die mit Laubwald bestandene Schlucht **Tingvallaravinen** hineinwandert. Der Sage nach lebte in dieser einst eine Trollfamilie, die, trotz vieler Streiche, die sie den Bauern der umliegenden Höfe spielte, gut mit den Menschen auskam. An einem Sonntagmorgen jedoch, als die Trollmutter vor ihrem Haus saß und in einem Zauberbuch las, läuteten die Kirchenglocken. Die Trollmutter erstarrte direkt zu Stein. Die weiteren Mitglieder der Trollfamilie verließen daraufhin das Tal. Zuvor versteckten sie in diesem jedoch noch drei Schlüssel, einen zum Kupfertor, das einen Saal voller Kupfer verschließt, einen zum Silbertor, hinter dem sich ein mit Silber gefüllter Saal verbirgt, und einen zum Goldtor, dem Zugang zu einem mit Gold gefüllten Saal. Die Verstecke der Schlüssel sind bis heute ein Geheimnis, die versteinerte Trollgroßmutter jedoch kann man noch immer im Tal, am dem Ås till åsleden gegenüberliegenden Ufer des Baches, sitzen sehen.

Nach einem kurzen Anstieg befindet man sich bald auf dem plateauartigen Söderåsen. Leicht wellig durchwandert man das Waldgebiet Skyttaböket. Die forstliche Nutzung lässt heute nicht mehr vermuten, dass sich hier einst der Galgenhügel von Åstorp befand.

Sobald man die unter Naturschutz stehenden, zum Schloss Vrams Gunnarstorp gehörenden Wälder erreicht, macht die Natur wieder einen unberührteren Eindruck. Das am Fuß des Söderåsen liegende Schloss selbst ist nur über einen Abstecher (cirka 500 Meter einfach) erreichbar.

Vrams Gunnarstorp, das seit 1983 als Baudenkmal geschütz ist, hat seine Wurzeln in einem Hof namens Vramsgård, der dem Ritter Hans Skovgaard 1517 vom Erzbischof von Lund, Birger Gunnersen, überschrieben wurde. Der Hof kam 1620 durch Heirat in den Besitz des dänischen Admirals Jørgen Vind, der das Schloss Vrams Gunnarstorp in den Jahren 1633 bis 1644 nach dem Vorbild niederländischer Renaissanceschlösser erbauen ließ. 1665 verkaufte dessen Sohn Holger das Schloss und die dazugehörigen Besitztümer an seinen Schwager Christoffer Giedde, um Skåne, das im Frieden von Roskilde schwedisch geworden war, zu verlassen. Nach über 150 Jahren in Familienbesitz tauschte die Witwe Ulrika Juliana Berch Vrams Gunnarstorp gegen einen Herrenhof in Össjö (bei Ängelholm an der Westküste von Skåne gelegen) sowie 17 Tonnen Gold. Der neue Burgherr, Rudolf Viktor Tornérhjelm, ließ das Schloss in den 1850er Jahren gründlich restaurieren, wodurch es sein heutiges Aussehen erhielt. Es befindet sich bis heute in Privatbesitz der Familie Tornérhjelm und kann nicht besichtigt werden. Der Schlosspark, dessen Buchsbaum- und Hainbuchenhecken 1749 von Carl von Linné besucht und in dessen Reisebericht „Skånska resa" („Reise durch Skåne") beschrieben wurden, ist jedoch öffentlich zugänglich. In einem Hofladen werden überwiegend selbst angebaute Produkte verkauft. Wer den Ås till åsleden Anfang November wandert, kann auf dem Schlosshof den größten Weihnachtsmarkt in Skåne besuchen (jährlich am ersten Wochenende im November).

Folgt man dem Ås till åsleden, kommt man bald an die Straße Wrams Gunnarstorpsvägen von Vrams Gunnarstorp nach Kvidinge. Auf einem schmalen Pfad wandert man zunächst ein kurzes Stück parallel zu dieser. Auf der anderen Straßenseite fällt eine etwa zwei Meter hohe, einen Meter breite und insgesamt mehr als drei Kilometer lange Steinmauer ins Auge, an der man kurz darauf, nach Querung des Wrams Gunnarstorpsvägen, direkt entlang wandert. Die Mauer stammt aus dem 16. Jahrhundert und umgrenzt ein als **Hjorthagen** bezeichnetes Gebiet (das identisch mit dem Naturschutzgebiet Hjorthagen – Wrams Gunnarstorp ist). Carl von Linné, der das Gebiet 1749 besuchte, notierte, dass die Mauerkrone mit dornigen Ästen bedeckt sei. Diese sind heute durch einen Elektrozaun auf der Innenseite der Mauer ersetzt.

Eine etwa zwei Meter hohe Steinmauer begrenzt den Jagdpark Hjorthagen.

Über Forstwege wandert man zum Sumpgebiet **Maglaby kärr**. Hier passiert man eine der wenigen offenen Wasserflächen des Söderåsens. Der See wurde im 16. Jahrhundert als Fischteich angelegt – noch heute ist er ein beliebtes Angelrevier. Der See verlandet langsam, wodurch sich an den Ufern ein kleines Sumpf- und Moorgebiet gebildet hat. In diesem kann man mit etwas Glück Sonnentau entdecken. Im Frühjahr brüten hier Krickenten, Waldwasserläufer und Bekassinen.

Der Ås till åsleden wird wieder zu einem Pfad, der schließlich auf einer einfachen Waldstraße endet. Auf dieser wandert man nach rechts, um kurz darauf rechterhand erneut auf einem schmalen Pfad in den Wald einzutauchen. Das Gebiet, das man nun durchquert, ist reich an vorgeschichtlichen Fundstätten. Die beiden Hügelgräber Stora und Lilla Rör aus der frühen Bronzezeit (1.500 bis 1.000 v. Chr.) liegen direkt am Wegesrand.

Die Etappe endet am **Lagerplatz Hålebäck**. Dieser liegt in einem Buchenwald am gleichnamigen Bachlauf, der hier zu einem kleinen Teich aufgestaut wird. Schöne Zeltplätze befinden sich auf der dem Lagerplatz gegenüberliegenden Bachseite etwas höher gelegen im Buchenwald. Folgt man dem schmalen Pfad am linken Bachufer, kommt man nach etwa 200 Metern zu einer verschlossenen Pfadfinderhütte (hier ist keine Übernachtung möglich), deren Infrastruktur ein gewisses Maß an Komfort zur Verfügung stellt: das Toilettenhäuschen befindet sich links oberhalb des Hütteneingangs, zur Wasserpumpe kommt man, indem man am unteren Ende der Wiese dem Pfad zum Hålebäck hinabsteigt.

Etappe 2: Hålebäck - Krika skog (15 km)

Den Lagerplatz Hålebäck verlässt man auf einem schmalen Pfad, der bald auf einer Forststraße mündet. Auf dieser wandert man zunächst über die Hochebene des Söderåsen, bevor dann ein Abstieg über den Magleby Backesväg in das Dorf Maglaby, am Fuß des Söderåsen gelegen, erfolgt. Maglaby, ein typisches Straßendorf (die zum Ort gehörenden Häuser sind entlang einer Straße angelegt), wird gut markiert auf dem Magleby Backesväg und einem kurzen Pfadstück durchquert. Der Weiterweg in den zu Maglaby gehörenden Weiler Mårtenstorp verläuft auf einer wenig befahrenen Asphaltstraße, dem Magleby byavägen, die kurz vor Mårtenstorp in die Straße Fårabökevägen, auf der man rechts abbiegt, einmündet. Während der Fårabökevägen hinter dem Weiler nach rechts auf den Söderåsen ansteigt, bleibt der Ås till åsleden am Fuß des Söderåsens. So wandert man an der Gabelung links auf dem Körsslättsvägen, der in einen

Schotterweg übergeht, weiter. Von diesem zweigt nach etwa 250 Metern ein schmaler Pfad durch Wiesen und Felder nach links ab. Von hier bietet sich ein schöner Blick auf den abrupt aus der Ebene aufsteigenden Söderåsen.

Man befindet sich hier auf dem sogenannten **Kvidingefältet** („Kvidingefeld"), einem Ausläufer der landwirtschaftlich intensiv genutzten Ängelholmebene. Hier, am Fuß des Söderåsens, mündete zum Ende der letzten Eiszeit ein Gletscherfluss ins Meer. Durch die enorme Sedimentfracht bildete dieser ein mächtiges Delta. Dieses besteht in den unteren Lagen aus mächtigen Kiesfeldern, die von feineren Sedimenten überdeckt werden. Die vielen Kiesgruben, die das Kvidingefältet zu einem der wichtigsten schwedischen Gebiete zur Kiesgewinnung machen, geben einen schönen Einblick in die Geologie dieses Gebietes.

Schließlich gelangt man auf einen Feldweg, dem man nach rechts folgt. Der Feldweg wiederum mündet in den bereits bekannten Körsslättsvägen, der hier wieder als Asphaltstraße ausgebaut ist. Auf dieser wandert man nach links, den Söderåsen im Rücken. Vom Körsslättsvägen führt der Ås till åsleden schließlich auf einer weiteren, namenlosen Asphaltstraße nach rechts wieder auf den Söderåsen zu. Nach einer langen Geraden taucht diese in den Wald ein. Dies markiert gleichzeitig den Anstieg auf den Söderåsen. Hier heißt es aufmerksam zu sein: Der Ås till åsleden trennt sich von der Straße und verläuft zunächst noch die Höhe haltend auf der anderen Seite der Leitplanke am Waldrand entlang. Wer diesen Abzweig verpasst hat, muss sich jedoch keine Sorgen machen den Ås till åsleden zu verlieren. Dieser führt später in einem steilen Anstieg zurück zur Straße, wo diese in einer scharfen Kurve nach rechts wegbiegt (allerdings ist der Pfad deutlich schöner und sicherer). Hinter der Kurve geht es dann auf einem Pfad nach links wieder abwärts

Auf schmalen Pfaden durchwandert man nun in einem weiten Bogen einen schönen Buchenwald. Schließlich steigt man zur Ortschaft Klövahallar ab. Hier öffnet sich das enge, steil in den Söderåsen eingeschnittene Tal des Klövabäcken, Klöva hallar, in die Ängelholmebene. Nachdem man den Klövabäcken, der hier durch einen schönen Sumpfwald fließt, überquert hat, geht es durch die kleine, zu Klövahallar gehörende Wochenendhaussiedlung steil aufwärts. Hier stand in den Jahren 1930 bis 1977 das **Klöva Hallars turisthotell**. Das Hotel war vor allem als Tanzlokal berühmt und beliebt. Das dreistöckige Gebäude brannte jedoch im Oktober 1977 bis auf die Grundmauern nieder. Der Heimatverein Västra Sönnarslövs Bygdeföréning hat unter enormem zeitlichem und finanziellem Aufwand das

Tanzlokal wiederbelebt. Das Programm, bestehend vor allem aus Tanz-abenden zu Livemusik, kann unter www.klovahallar.se > Program (Schwedisch) abgefragt werden.

Der Klövabäcken im Naturschutzgebiet Klöva hallar.

Das Tal selbst, an dessen östlichen Rand man auf einem anspruchsvollen Pfad schnell an Höhe gewinnt, wurde 2012 als Naturreservat unter Schutz gestellt. Immer wieder öffnen sich von etwas abseits des Pfades gelegenen Aussichtskanzeln spektakuläre Blicke in die Tiefe. Wer Klöva hallar vom Talboden aus erleben möchte, sollte dies im Rahmen eines „Spaziergangs" ohne großes Gepäck unternehen. Es gibt mehrere Pfade, die vom Ås till åsleden abzweigen, der „offizielle" Abstieg in das Tal liegt auf der östlichen, dem Ås till åsleden gegenüberliegenden Seite. Die Mühe des steilen Ab-stiegs lohnt sich: auf einem schmalen Pfad, manchmal fast weglos, wandert man durch einen schönen Sumpfwald, der von Felssturzhalden (diese dürfen nicht betreten werden!) und senkrechten Felwänden einge-rahmt wird. Einige dieser Felswände bieten Kletterrouten im 4. bis 7. Schwierigkeitsgrad. Wer hier klettern möchte, sollte jedoch unbedingt even-tuelle Sperrungen aus Naturschutzgründen (brütende Wanderfalken) be-achten!

Die Wälder, durch die der Ås till åsleden oberhalb des Tals führt, waren die Heimat einer skurilen Persönlichkeit: Johanna Olsdotter, 1822 geboren und 1915 verstorben, wurde im Volksmund Åsakärring („Berghexe") und Grassa Johanna genannt. Sie heiratete nie und wird als etwas sonderbar beschrieben. So lebte sie in einer einfachen Hütte aus Ästen, als Eingang diente ein alter Kleiderschrank ohne Rückwand. Ihren Lebensunterhalt verdiente sie sich mit dem Verkauf von selbst gesammelten Pilzen und Beeren, darüber hinaus arbeitete sie in den benachbarten Höfen als Wäscherin oder verrichtete andere einfache Tätigkeiten. Bis heute wird bei Nebel, der oft ein Zeichen für eine Wetterbesserung darstellt, die Redewendung „Jetzt wäscht die Berghexe" verwendet.

Der **Lagerplatz Krika skog** liegt, gut ausgeschildert, etwas abseits des eigentlichen Ås till åsleden, an einem Parkplatz am Waldrand. Im Buchenwald finden sich schöne Zeltplätze, Wasser erhält man nur während der Sommermonate aus einem Wasserkran am benachbarten Vereinshaus der sozialdemokratischen Kinder- und Jugendorganisation Unga Örnar („Junge Adler").

Abendspaziergang: Vom Ås till åsleden (sowohl vor wie hinter dem Abzweig zum Krika skog) führen mehrere kleine, steile Pfade unmarkiert in das Tal Klöva hallar hinab (die wichtigsten sind auf den Infotafeln des Naturreservats eingezeichnet). Dort gibt es einen mittlerweile zugewachsenen und teilweise von umgestürzten Bäumen und Felsstürzen versperrten Weg, der nicht mehr unterhalten wird. Die Dauer eines solchen Spaziergangs lässt sich von knapp einer Stunde bis hin zu einem ganzen Tag beliebig ausdehnen.

Etappe 3: Krika skog – Svartesjö (12 km)

Vom Lagerplatz Krika skog wandert man in wenigen Minuten zurück auf den Ås till åsleden, der weiterhin oberhalb des Tals Klöva hallar entlang führt. Der Weg verläuft hier auf alten Handelswegen, wie man unschwer an den den Pfad einrahmenden Lesesteinmauern erkennen kann.

Kurzzeitig verlässt man das Naturreservat Klöva hallar, das man dann jedoch an einem Bach, der von einem großen Wall aus Ästen umgeleitet wird, wieder betritt. Hierbei handelt es sich um den **Judabäcken**, den Judenbach. Der Name des Bachs erinnert an einen Raubmord durch zwei junge Männern an einem jüdischen Kaufmann, der sich an dieser Stelle zugetragen haben soll. ausgeraubt und ermordet worden sein soll. Die der

Tat verdächtigten Männer wurden niemals verurteilt, stattdessen wanderten sie später nach Amerika aus. Der Legende nach spukt der Geist des ermordeten Kaufmanns noch immer in der Gegend, um seinen unge- sühnten Mord zu rächen. Der Wall aus Ästen soll das Gespenst jedoch gütig stimmen, daher legen Wanderer im Gedanken an den Ermordeten bis heute einen Ast auf dieser ungewöhnlichen Gedenkstätte ab.

An der Mühle Klöva mölla.

Schließlich mündet der Ås till åsleden auf einer Schotterstraße. Diese führt nach rechts auf die Gebäude der Mühle **Klövamölla**, an einem sieben Meter hohen Wasserfall gelegen, zu. Die Mühle wurde erstmals im Jahr 1674 erwähnt, brannte jedoch 1867 nieder. Zehn Jahre später wurde ein Neubau errichtet, dessen Betrieb in den 60er Jahren des letzten Jahr- hunderts eingestellt wurde. Nach einer umfangreichen Restaurierung ist die Klövamölla seit 1997 wieder funktionsfähig und kann nach Voranmeldung besichtigt werden. Schwedischsprachige Informationen erhält man im Internet unter www.klovamolla.se.

Kurz vor den zur Mühle gehörenden Gebäuden gabelt sich der Weg, der Ås till åsleden führt nach links, um die Schotterstraße gleich darauf auf einem nach links abzweigenden Pfad durch Buchenwald zu verlassen. Der

51

Pfad führt zu einem Steg über den hier begradigt fließenden Klövabäcken und setzt sich auf der anderen Seite des Bachlaufs nach links durch Wald und über Weiden bis zum Erreichen der nächsten Schotterstraße fort. Hier verlässt man das Naturreservat Klöva hallar.

Ein etwa zweieinhalb Kilometer langer Abstecher nach rechts führt in das Städtchen **Stenestad** mit der höchstgelegen Kirche Skånes, dem in einem aus dem 18. Jahrhundert untergebrachten Heimatmuseum Stenestads Hembygdsmuseum und dem Stenestad Park mit dem Svenskt Pomologiskt Science Center (Schwedisches pomologisches Wissenschaftscenter), in dem über die Geschichte des Obstanbaus informiert wird (nur an den Wochenenden von Frühling bis Herbst geöffnet, Info im Internet unter www.stenestadpark.se).

Der Ås till åsleden setzt sich jedoch auf der Schotterstraße nach links fort. Vorbei an vereinzelten Gehöften und Wochenendhäusern wandert man etwa zweieinhalb Kilometer geradeaus. Wo die Straße in einem rechten Winkel nach rechts abknickt, erreicht man an einem schönen Rastplatz das **Naherholungsgebiet Klåveröd**. An diesem Rastplatz lagen einst die heute nur noch in ihren Grundmauern erkennbaren Höfe von **Magleröd**: Maglerödgård im Norden und Maglerödshus im Süden. Getrennt wurden die zu den Höfen gehörenden Ländereien durch eine Steinmauer, die parallel zu der Straße, auf der man eben noch wanderte, verlief. Wann genau die erste Besiedlung begann lässt sich nicht mehr datieren. Der Name Magleröd deutet jedoch darauf hin, dass diese spätestens im Mittelalter stattfand (Magle war ein in der Wikingerzeit gebräuchlicher und bis ins Mittelalter noch oft verwendeter Vorname, „röd" bedeutet Rohdung). Erstmals erwähnt wurde Magleröd im 16. Jahrhundert im Zuge von Steueraufzeichnungen des etwa sechs Kilometer nordöstlich gelegen Herrevadsklosters (nach der dänischen Reformation 1537 wurde das Steuerprivileg als besondere Auszeichnung durch den König weltlichen Institutionen oder Personen, in seltenen Fällen protestantischen Kirchen zugesprochen). Beide Höfe brannten 1884 bis auf ihre Grundmauern nieder. Die Fundamente, die heute noch sichtbar sind, stammen hauptsächlich von den aus Stein erbauten Wirtschaftsgebäuden, die Wohngebäude wurden als leichter zu errichtende Fachwerkhäuser errichtet. Beide Höfe wurden an anderer Stelle wieder aufgebaut und existieren dort noch heute. Am Rand des Rastplatzes liegt die Ruine einer Schnapsbrennerei, die zum südlichen Hof, Maglerödshus, gehörte. Maglerödshus erhielt Ende des 17. oder zu Beginn des 18. Jahrhunderts das vom König verliehene Recht, Schnaps zu brennen. Wichtige Voraussetzungen waren der Zugang zu reichlich Wasser und Torf als Brennmaterial. In den 60er Jahren des 19. Jahrhunderts wurde diese Erlaubnis vielen privaten Brennereien entzogen und nur noch wenigen staatlichen Unternehmen erteilt.

Der Ås till åsleden folgt der Straße, bis auf der linken Seite ein weiterer Rastplatz unter Eichen liegt. Hier biegt er, ebenfalls auf einer Straße verlaufend, nach rechts ab. Vorbei an weiteren zum Hof Magleröd gehörenden Ruinen (das gesamte Naherholungsgebiet Klåveröd war bis ins 19. Jahrhundert hinein relativ dicht besiedelt, die einfachen Häusler lebten in kleinen Katen oder teilweise sogar in aus Grassoden gebauten „Erdhäusern"), die versteckt im hohen Gras und in den Büschen liegen, steigt man in das hier sanft in den Söderåsen eingebettete Tal des Klövabäcken ab. Sobald dieser überquert ist, geht es etwas steiler in einer weiten Rechtskurve wieder aus dem Tal heraus. Am Ende dieser Rechtskurve verlässt der Ås till åsleden die Schotterstraße, indem er nach rechts auf den zusätzlich zur orangenen Skåneledenmarkierung hellblau markierten Snuvestuan-Rundweg abbiegt. Dieser führt zunächst oberhalb des Klövabäcken durch einen Buchenwald. Auf diesem Stück ist kurzzeitig erhöhte Aufmerksamkeit angebracht, da der Weg mehrmals eine Mountainbikestrecke kreuzt.

Die feuchten Partien am hinter Büschen und Bäumen versteckten Klåverödssjön, einem von gerade einmal zwei natürlichen Seen auf dem Plateau des Söderåsen, quert man auf einem Bohlenweg, danach setzt sich der Pfad weiter im Wald fort. Schließlich kommt man an eine Gabelung, an der sich der Ås till åsleden geradeaus fortsetzt, der Snuvestuan-Rundweg jedoch einen Abstecher nach rechts macht. Dieser Abstecher ist auch für Wanderer auf den Skåneleden lohnend. Vorbei an einer Felssturzhalde steigt man über eine Treppe in ein kleines Tal ab. Hier liegt, unter senkrechten Felswänden, den Snuvehallar, die Grotte **Snuvestuan**.

Der Sage nach lebte in der Snuvestuan einst die Skogssnuvan, in der Region besser bekannt als Skogsrået. Von vorne gesehen war sie eine wunderschöne junge Frau, doch ihr Rücken hatte tiefe Kerben. In vielen Erzählungen wird ihr zudem ein Fuchsschwanz angedichtet. Jäger, die sie erblickten, erwartete Jagdglück – es sei denn, die Skogssnuvan erschrak mit ihrem Aussehen das Gewehr. Dann konnte dieses nicht mehr treffen. Und für junge Männer ging eine andere Gefahr von der Skogssnuvan aus: Erblickten sie diese, so verliebten sie sich unsterblich in die Waldfrau, so dass sie nie wieder eine andere Frau lieben konnten. Nur wer das Gegenmittel kannte – das Auflinksdrehen der Jacke in Gegenwart der Skogssnuvan – konnte sich ihrem Zauber entziehen. Doch auch für alle, die ihr verfallen waren, gab es Hoffnung: Die Erwähnung von Jesus soll den Zauber gebrochen haben.

Der Pfad setzt sich durch Buchenwald fort, bis man an eine Schotterstraße gelangt. Nach rechts könnte man von hier in das **Vargadalen**, das Wolfstal, wandern. Mitte des 19. Jahrhunderts soll in diesem der letzte wild in Skåne lebende Wolf erschossen worden sein.

Der Ås till åsleden führt jedoch geradeaus weiter, nun nicht mehr parallel zur hellblauen Markierung des Snuvestuan-, sondern zur roten des Höjehall-Rundwegs. Rechts vom Wanderweg liegt mit dem knapp 210 Meter hohen **Höjehall** der höchste Punkt von Skåne. Folgt man dem Abstecher über den Höjehall-Rundweg dort, wo sich dieser vom Ås till åsleden trennt, nach rechts, erreicht man nach wenigen hundert Metern einen Aussichtsturm, östlich des eigentlichen „Gipfels" gelegen. Aus einer Höhe von 212 Metern über dem Meer überblickt man die scheinbar nahezu endlosen Wälder des Söderåsen. Bei guter Sicht lassen sich sogar Malmö und die dänische Hauptstadt København (Kopenhagen) am Horizont erkennen.

Nun wandert man auf überwiegend schmalen Pfaden durch das Naherholungsgebiet. Schließlich erreicht man die weiß markierte Loipe Långa spåret (Winterwanderer sollten auf dem folgenden Kilometer besondere Rücksicht walten lassen!). Der Ås till åsleden folgt dieser neuerdings entgegen den Eintragungen in der offiziellen Wanderkarte (Ausgabe 2010) sowie im Folder zum Naherholungsgebiet Klåveröd nicht nach links, sondern nach rechts. Man überquert die Hauptverkehrsstraße des Gebiets, die Ljungbyhed im Osten mit Knutstorp und Stenestad im Westen verbindet. Gleich nach Überquerung der Straße biegt der Weg in einer feuchten Senke nach links ab. Wo die Loipen Långa und Korta spåret zusammentreffen, hält man sich links, nun der rot-grünen Markierung der Loipe Korta spåret folgend. Auf dieser gelangt man wieder auf die Straße von Ljunbyhed nach Knutstorp beziehungsweise Stenestad. Auf dieser einige Schritte zurück gelangt man zum **Klåveröds Vandrarhem & Café** (www.klaverodsvandrarhem.se, sieben Zimmer mit insgesamt 32 Betten, das Café hat im Sommer täglich von 10:00 bis 17:00 Uhr geöffnet, von Anfang Mai bis Mittsommer und von Mitte August bis Ende Oktober an Wochenenden, außerhalb dieser Zeit nur an Sonntagen; Mittsommer und Weihnachten geschlossen). Der Ås till åsleden hingegen hält sich auf der Straße nach rechts, die kurz darauf nach rechts abbiegende Markierung der Korta spåret bleibt unbeachtet. Am nächsten Abzweig hält man sich dann rechts und befindet sich wieder auf dem alten, in den Karten eingetragenen Wegverlauf des Ås till åsleden.

Auf schmalen Waldpfaden gelangt man schließlich an den künstlich aufgestauten Angelsee **Tagmaden**, der allgemein als „Dammen" (kleiner Stausee) bezeichnet und so auch auf der offiziellen Karte des Naherholungsgebiets ausgewiesen wird. An dessen Südspitze lädt ein kleiner Rastplatz zu einer Pause ein. Wer am Etappenziel Svartesjö übernachten möchte, sollte hier noch einmal an der Pumpe seine Wasservorräte auffüllen – am Svartesjö gibt es kein Frischwasser!

Zunächst geradeaus über den autofreien, mit der gelben Markierung des Svartesjö-Rundwegs versehenen Forstweg, dann nach rechts dem lila markierten Skorstensdalen-Rundweg auf einem immer schmaler werdenden Pfad folgend, wandert man ins **Skorstensdalen** (Schornsteintal). Dieses erhielt seinen Namen durch schornsteinartige Felsformationen, von denen eine direkt am Weg steht. Im Gegensatz zum umgebenden Gestein haben die „Schornsteine" der Verwitterung und Erosion besser widerstanden. Während der Eiszeiten waren diese „Schornsteine" wahrscheinlich von einer schützenden Schicht aus unbeweglichem Eis überdeckt, wodurch sie diese Perioden unbeschadet überstanden.

Der Pfad macht nun einen sanften Bogen nach links und verläuft für einige hundert Meter parallel zur Grenze zwischen dem Naherholungsgebiet Klåveröd und dem Nationalpark Söderåsen. Diese ist durch eine Steinmauer deutlich sichtbar – aber auch in der Vegetation fällt der Unterschied auf: Während links des Weges, im Naherholungsgebiet, ein Fichtenforst angepflanzt wurde, wächst auf der rechten Seite, im Nationalpark, ein Buchenwald, in dem abgestorbene Baumriesen zwischen Jungwuchs stehen.

An einer Weggabelung biegt der Skorstensdalen-Rundweg nach links ab, der Ås till åsleden verläuft geradeaus, weiter an der Grenze zum Nationalpark Söderåsen entlang, trifft dann wieder auf den gelb markierten Svartesjö-Rundweg. Der Svartesjö ist wenige Minuten später erreicht.

Beim **Svartesjö** handelt es sich um den zweiten natürlichen See auf dem Söderåsen. Direkt auf dreifache Weise stellt dieser eine Verbindung zu den weiteren Etappen des Ås till åsleden dar. Der durch Grundwasser gespeiste Svartesjö entwässert (rechnet man das sich anschließende Feuchtgebiet, das man zuvor durchquert hat, mit ein) in zwei Richtungen: Während der nördliche Abfluss im Tagmaden (Dammen) in den Dejebäcken mündet, ist der südliche ein Zufluss des Kvärkabäcken (an beiden Bächen wandert man auf der vierten Etappe entlang). Einer Sage nach soll es auch eine unterirdische Verbindung zum Odensjön, den man auf der fünften Etappe passiert, geben. Belegt ist hingegen die Existenz einer ebenfalls fast sagenumwobenen Gestalt, die in der Nähe des Svartesjö gelebt hat: Dem Svarte Nils. Dieser Häusler ist für zwei „Fluchten" bekannt. Als junger Mann ließ er seine Frau und fünf Kinder in Klåveröd zurück, um sein Glück in Amerika zu suchen – vergeblich. Mit weit über 90 Jahren zog er, zurück auf dem Söderåsen, in ein Altersheim, das er wenig später wieder verließ, um in seine einfache, in der Nähe des Svartesjö gelegene Kate zurückzukehren, in der dann starb.

Am **Lagerplatz Svartesjö** endet die dritte Etappe. Und obwohl der See durch Grundwasser gespeist wird, ist er nicht als Trinkwasserquelle für den dort gelegen Rastplatz vorgesehen. Stattdessen wird man auf eine Wasserpumpe am Fischteich Tagmaden (Dammen) verwiesen. Toiletten und Abfallbehälter befinden sich in etwa einhundert Metern Entfernung vom Windschutz im weiteren Verlauf des Ås till åsleden.

Abendspaziergang: Das Naherholungsgebiet Klåveröd wird von zahlreichen Wanderwegen durchzogen. Einer der interessantesten, dessen Verlauf sich zudem an keinem Punkt mit dem Ås till åsleden deckt, ist der anderthalb Kilometer lange Rundweg durch das Moorgebiet Traneröds mosse. Dieser ist in etwa einer halben Stunde vom Lagerplatz Svartesjö zu erreichen. Nach Beendigung des Rundwegs wandert man auf dem bekannten Weg zurück zum Lagerplatz Svartesjö.

Etappe 4: Svartesjö – Liagården (4 km)

ACHTUNG: Zum Zeitpunkt der Drucklegung dieses Buches ist der Abstieg vom Liagården in das Tal Skäralid (Etappe 5) auf Grund morscher Treppenstufen gesperrt. Es ist unklar, ob diese Sperrung dauerhaft bleibt oder die Treppen instand gesetzt werden und damit diese Etappe wieder freigegeben werden kann. Bis auf weiteres werden daher die Etappen 4 und 5 zusammengefasst – was in diesem Buch jedoch nicht berücksichtig wird. Sollte die Sperrung bleiben, bedeutet dies, dass zwischen Korsskär und dem Aufstieg zum Kopparhatten eine alternative Wegwahl durch das Tal Skäralid, parallel zur blau markierten Korsskär-Liagårdsrundan, ausgeschildert ist. Der Aufstieg nach und die Übernachtung am Lagerplatz Liagården ist als Abstecher weiterhin möglich.

Vom Lagerplatz Svartesjö aus startet diese kurze Etappe, indem der Ås till åsleden weiterhin parallel zum Svartesjö-Rundweg über einen gemütlichen Waldweg verläuft. Die beiden Wege trennen sich jedoch bereits nach rund

500 Metern, wenn der Ås till åsleden an den Ruinen der Mühle Klåveröds kvarn auf einen schmalen Pfad nach rechts in das Tal des Dejebäcken abzweigt.

Klåveröds kvarn wurde im Jahr 1875 von Olof Persson, dem Besitzer des Hofes Klåveröd 2, an einer strategisch günstigen Stelle am Dejebäcken, der Furt Blixavadet, erbaut. Sie wurde zunächst durch Olof Persson betrieben, der die Mühle ab Mitte der 80er Jahre des 19. Jahrhunderts jedoch an verschiedene Müller verpachtete. Es ist unklar, ob das etwas höher gelegene Wohnhaus, dessen Grundmauern in der Weggabelung zwischen dem Svartesjö-Rundweg und dem Ås till åsleden zu sehen sind, in die Pacht einging, oder ob die Müller in einer kleinen Kammer in der Mühle selbst schliefen. Anfang des 20. Jahrhunderts gingen in den Städten und Ortschaften der Ebene modernere und effektivere Mühlen in Betrieb, so das nach mehreren verlustreichen Jahren der Betrieb der Mühle am Dejebäcken 1909 eingestellt wurde. Ein Jahr später erfolgte der Abriss. Heute sind nur noch die Grundmauern, Teile des Mühlsteins sowie die Achse, an der das Mühlrad befestigt war, am Bachlauf zu sehen.

Auf einem schmalen Pfad wandert man parallel zu einer alten Mauer in das Tal des Dejebäcken hinein. Hier verlässt man das Naherholungsgebiet Klåveröd und betritt den **Nationalpark Söderåsen**. Achtung: Im Nationalpark werden die gemalten orangefarbenen Markierungen durch gleichfarbige farbige Bänder mit dem Aufdruck „SL3" für Skåneleden 3 ersetzt.

Das Tal des Dejebäcken wird noch einmal kurz verlassen, um eine mit Fichten bestandene Anhöhe zu queren. Hier trifft man das erste Mal auf eine eingezäunte Kahlschlagfläche innerhalb des Nationalparks. Bei diesen handelt es sich um Gebiete, in denen ein kontrollierter Waldumbau – vom Fichtenforst zum natürlichen Edellaubwald – stattfindet. Das Projekt „Restaurierung und Ausweitung des Edellaubwalds im Nationalpark Söderåsen" wurde im Jahr 2000 begonnen und von 2002 bis 2006 im Rahmen eines LIFE-Projektes (LIFE steht für „L'Instrument Financier pour l'Environment", einem Finanzinstrument zur Förderung von Umweltmaßnahmen) von der EU finanziert. Nach der Fällung der Fichtenforste und einer Aufbereitung der Böden werden auf den Flächen Stieleichen, Rot- und Hainbuchen, Spitzahorne, Winter-Linden, Vogel-Kirschen und Gemeine Eschen – also Vertreter der natürlichen Vegetation des Nationalparks – angepflanzt. Um die jungen Bäume vor Verbiss zu schützen sind diese Flächen eingezäunt. Insgesamt wurden seit Projektbeginn mehr als 1.000 Hektar Fichtenforste durch Laubbäume ersetzt.

Nun erfolgt der endgültige Abstieg in das immer tiefer und schmaler werdende Tal des Dejebäcken. An einigen Stellen liegen größere und kleinere Felsbrocken auf dem Pfad, die, besonders bei Nässe, ein gewisses Maß an Trittsicherheit erfordern. Nach einem rund fünf Meter hohen Wasserfall öffnet sich dann das enge Tal – man befindet sich nun in einem weiten Talkessel: **Korsskär**. In diesem Talkessel mündet der Deje-bäcken in den Kvärkabäcken, die dann gemeinsam als Skärån durch die beeindruckende Schlucht Skäralid, das Herzstück des Nationalparks Söderåsen, fließen. Hier, in Korsskär, sollte man einen Augenblick ver-weilen und die Ruhe genießen. Außer anderen Wanderern und den Geräu-schen der Natur – dem Rauschen des Baches und der Blätter, dem Gesang der Vögel – ist selten ein anderer Laut zu hören.

Im weiteren Verlauf setzt sich der Ås till åsleden parallel zur blau markierten Korsskär-Liagårdsrundan im Tal des Kvärkabäcken fort. Teil-weise wandert man hier auf einem gut ausgebauten Bohlenweg, teilweise auf einem steinigen Pfad. Rechts des Weges liegen beeindruckende Fels-sturzhalden, links gluckert leise der Kvärkabäcken durch Feuchtwiesen und einen schmalen Auwald, die dahinter liegende Talflanke wird ebenfalls aus Felssturzhalden gebildet.

Felssturzhalde im Tal des Kvärkabäcken im Nationalpark Söderåsen.

58

Schließlich überquert man den Kvärkabäcken, um ein kurzes Stück am gegenseitigen Ufer zurückzuwandern. Dann beginnt der steile Aufstieg zum **Lagerplatz Liagården**, dem Endpunkt dieser Etappe. Hier wartet nicht nur ein Windschutz auf den Wanderer, es gibt auch die Möglichkeit, im Hof Liagården auf einer der 19 einfachen Holzpritschen zu übernachten. Die Wiese am Liagården ist auch einer der wenigen Plätze im Nationalpark Söderåsen, an denen gezeltet werden darf.

Der Hof **Liagården** gehörte zu einem Verbund aus mehreren Höfen und Katen, die sich auf der Anhöhe oberhalb von Skäralid und dem Tal des Kvärkabäcken angesiedelt hatten: Lierna (als Flurname ist diese Bezeichnung bis heute für das Gebiet zwischen den beiden Tälern geläufig und wird vor allem für einen Aussichtspunkt oberhalb von Korsskär verwendet). Zu den Höfen gehörten nicht nur Äcker und Weiden – teilweise als Waldweiden – auf der Hochebene, sondern auch die Wiesen in den Tälern. Auf diesen weideten beispielsweise Milchkühe. So mussten täglich etliche Liter Milch aus dem Tal zu den Höfen hinauf und von dort weiter zur nächsten Straße, wo die Kannen vom Milchwagen abgeholt wurden, getragen werden. Welch anstrengende Arbeit dies war, lässt die Geschichte von Johannes Olsson, der nördlich des Kvärkabäckens wohnte, erahnen. Man erzählt sich, dass dieser auf Grund der Strapazen mit zunehmendem Alter immer mehr einem Gespenst ähnelte, was ihm schließlich den Beinamen „Liaspöket" (Gespenst von Lierna) einbrachte.

Liagården selbst wurde erstmals 1698 erwähnt. Der ursprüngliche Hof, der ab 1724 aus vier um einen Innenhof herumgebauten Gebäudeflügeln bestand, wurde 1879 abgerissen. Mit den Gebäuden des im gleichen Jahr aufgegebenen Hofs Råröd wurde er jedoch neu aufgebaut und erst 1962 verlassen. Ab 1965 diente er den Angestellten von Domänverket (der Staatsforstverwaltung) als Ferienhaus. 1990 wurde auch diese Nutzung eingestellt, der Hof verfiel. Mit der Ausweisung des Nationalparks Söderåsen 2001 wurde entschieden, das Gebäude zu renovieren, um es Wanderern auf dem Ås till åsleden als kostenlose Übernachtungsmöglichkeit anbieten zu können. Ein bestehender Rastplatz am Aussichtspunkt Lierna wurde dafür aufgegeben und zum Liagården verlegt. Auf alten Karten des Ås till åsleden, auf denen stattdessen der Etappenpunkt Liagården fehlt, ist der Lagerplatz Lierna noch eingezeichnet)

<u>Wandervorschläge:</u> Vom Liagården aus bietet sich, auch durch die kurze Etappenlänge, eine Wanderung zu den etwa zwei Kilometer entfernt liegenden **Härsnäsdammarna** an. Ursprünglich handelte es sich bei diesen um zwei Fischteiche zur Karpfenzucht, die Anfang des 20. Jahr-

hunderts angelegt wurden. Der westliche der beiden Teiche ist jedoch mittlerweile verlandet, lediglich der östliche existiert noch. Der Weg dorthin verläuft auf weiß markierten Verbindungswegen überwiegend zwischen eingezäunten Restaurierungsflächen (teilweise sind die Markierungen schwer erkennbar und die Wege wenig begangen, weshalb man zur Orientierung den im Liagården ausliegenden Folder über den Nationalpark Söderåsen – mit einer einfachen Übersichtskarte – mitnehmen sollte). Rund 700 Meter vor Erreichen der Härsnäsdammarna trifft man auf die gelb markierte Härsnäsrundan, der man nach rechts folgt. Die Härsnäsrundan zählt zu den am wenigsten begangenen markierten Wanderwegen des Nationalparks, entsprechend groß ist die Chance, den See in Ruhe genießen zu können. Es lohnt sich durchaus, den Spaziergang durch die insgesamt viereinhalb Kilometer lange, gelb markierte Härsnäsrundan, die durch schöne Laubwälder führt, zu ergänzen. Statt auf den Verbindungswegen zurück zum Liagården zu wandern, kann man auch dem Ås till åsleden von der Härsnäsrundan bis zum Hjortsprånget folgen. Ab dort folgt man der Korsskär-Liagårdsrundan am Plateaurand südlich der Schlucht Skäralid entlang zurück zum Liagården. Insgesamt hat diese Wanderung dann eine Länge von neun Kilometern.

Wer die durchaus herausfordernde Etappe 5 verkürzen möchte, kann im Liagården auch zwei Nächte verbringen. Den „Ruhetag" verbringt man dann damit, dem Ås till åsleden in seinem offiziellen Verlauf bis zum zweiten Abzweig der gelb markierten Härsnäsrundan zu folgen und über die Härsnäsdammarna und den weiß markierten Verbindungsweg zum Liagården zurückzuwandern. Insgesamt kommt man so auf eine Streckenlänge von etwa zehn Kilometern, Etappe 5 verkürzt sich dadurch um knapp drei Kilometer, aber vor allem auch jeweils zwei steile Auf- und Abstiege.

Etappe 5: Liagården - Jällabjär (13 km)

Vom Lagerplatz Liagården aus wandert man zunächst ein kurzes Stück parallel zu der blauen Markierung der Korsskär-Liagårdsrundan am Rand des Plateaus entlang. Nach wenigen Minuten erreicht man den Aussichtspunkt **Lierna**, von dem aus sich ein schöner Blick auf den Talkessel Korsskär bietet. Hier lag vor der Nationalparkausweisung und der Restauration von Liagården das Ziel der vierten Etappe – davon ist heute jedoch nichts mehr zu sehen.

Wenig später zweigt der Ås till åsleden von der Korsskär-Liagårdsrundan ab, und es beginnt der steile Abstieg in das Tal Skäralid (dieser ist zum

Zeitpunkt der Drucklegung dieses Buches gesperrt, siehe Hinweis bei Etappe 4). Hier überquert man den Skärån – deutlich breiter als es die auf der vorigen Etappe passierten Deje- und Kvärkabäcken vermuten lassen würden. Dies ist darauf zurückzuführen, dass unter den Felssturzhalden mehrere oberflächlich nicht erkennbare Wasserläufe dem Skärån zufließen.

Parallel zur blauen Markierung der Korsskär-Liagårdsrundan bleibt man kurz im Tal Skäralid. Sehr bald beginnt der Aufstieg über den Offavägen auf den Kopparhatten, nun gemeinsam mit der gelb markierten Kopparhattsrundan. Wo der Aufstieg beginnt, endete Anfang des 20. Jahrhunderts eine Eisenbahn. Während des Ersten Weltkriegs stieg der Holzbedarf in Schweden rapide an. Daher wurden auch die schwer zugänglichen Gebiete im hinteren Skäralid und den anschließenden Tälern wirtschaftlich interessant. Um das Holz besser abtransportieren zu können, wurden vom Bahnhof Skäralid in das Tal hinein Schienen verlegt.

Der **Offavägen** ist der bekannteste von mehreren Wegen, die Ende des 18. und zu Beginn des 19. Jahrhunderts von den Heuwiesen und Weiden im Talgrund von Skäralid zu den einfachen Höfen auf dem Hochplateau angelegt wurden. Benannt wurde er nach seinem Erbauer, Samuel Offen, der den Steig mit mehreren waagerechten Abschnitten versah, damit Lastenpferde und -ochsen die Möglichkeit zum Ausruhen erhielten.

Auf dem Plateau angekommen, gesellen sich zu den orangefarbenen Markierungen des Ås till åsleden und den gelben Markierungen der Kopparhattsrundan noch die roten Markierungen der Norra rundan hinzu. Diesem Farbmix folgt man nun bis Skäralid.

Vom **Kopparhatten** (Kupferhelm), dem mit jährlich über 100.000 Besuchern populärsten Ausflugsziel sowohl am Ås till åsleden wie auch im Nationalpark Söderåsen, eröffnet sich eine fantastische Aussicht in das Tal Skäralid sowie in die dem Söderåsen im Osten vorgelagerte Ebene. Anfang des 20. Jahrhunderts befand sich hier ein Tanzlokal, von dem heute jedoch nichts mehr zu sehen ist.

Wie der Name Kopparhatten entstanden ist, weiß man nicht mit Sicherheit. Die Felsen glänzen – vor allem, wenn diese nach einem Regenschauer von der Sonne beschienen werden – an manchen Stellen wie Kupfer, „hatt" ist ein altes Wort für Anhöhe. Einer Sage nach erhielt der Kopparhatten seinen Namen jedoch, als eine junge Frau an diesem Platz von einem Snapphane belästigt wurde. Der Snapphane befahl ihr, sich auszuziehen.

61

Das Mädchen sah keinen anderen Ausweg, als ihm zu gehorchen. Als sie beim letzten Kleidungsstück angekommen war, bat sie den Snapphane, sich umzudrehen. Er erfüllte ihr diesen Wunsch. Das Mädchen nutzte die Gelegenheit und stieß ihn in die Tiefe. Auf dem Felsen blieb nur der Kupferhelm des Snapphane liegen.

Parallel zum sich langsam nach Osten an Höhe verlierenden Plateaurand steigt man, vorbei an zahlreichen weiteren Aussichtspunkten, zum „Haupteingang" in den Nationalpark Söderåsen, den kleinen Ort Skäralid, ab.

Der Ort **Skäralid**, in dem heute noch knapp 100 Menschen leben, entwickelte sich im 19. Jahrhundert zu einem beliebten Ausflugsziel. Einen kräftigen Anstieg erfuhren die Besucherzahlen mit dem Bau der Eisenbahnlinie von Klippan nach Röstånga 1892 (1898 wurde die Linie im Süden bis Eslöv verlängert). Die Popularität des Gebietes stieg schnell an, 1914 musste der Bahnhof – der heute als Vandrarhem genutzt wird – ausgebaut werden. In den 40er und frühen 50er Jahren des 20. Jahrhunderts wurde der Ort an Wochenenden von Sonderzügen aus Malmö und der dänischen Hauptstadt København angefahren. In Folge des zunehmenden Individualverkehrs und den Möglichkeiten zu Fernreisen gingen die Besucherzahlen dann jedoch fast genauso schnell zurück, wie sie gestiegen waren. 1961 wurde der Personenverkehr auf der Strecke eingestellt, der Güterverkehr folgte sieben Jahre später.

Dort wo seit 1996 das Gebäude steht, in dem sich heute das „naturum Söderåsen" mit einer Ausstellung über die Natur und Kulturgeschichte des Nationalparks Söderåsen befindet, wurde 1906 ein Hotel errichtet. Dieses wurde 1965 aufgegeben und 1969 abgerissen. Stattdessen wurde erneut ein Restaurant erbaut.

Zwischen Hotel und Bahnhof wurde der Skärån 1929 zum Skärdammen aufgestaut, um den Gästen einen Angelteich anbieten zu können. An diesem lag ein Tanzlokal, in dem zahlreiche Konzerte stattfanden, selbst Jahrmärkte wurden in diesem Ambiente abgehalten. Heute brüten in dem kleinen Stausee, der von einem rollstuhl- und kinderwagengerechten Naturlehrpfad umrundet wird, regelmäßig Singschwäne. Diese können während der Brutzeit von einer Aussichtskanzel am Naturlehrpfad aus relativ kurzer Distanz im Nest beobachtet werden. Bei dieser Umrundung kommt man auch an der Trinkwasserquelle Rårödpågens källa vorbei.

Sehenswürdigkeiten

naturum Söderåsen. Das Besucherzentrum des Nationalparks Söderåsen informiert über die Natur und Kulturgeschichte des Gebiets. Ein deutschsprachiges Begleitblatt führt durch die schwedischsprachige Ausstellung. Der Eintritt ist frei. Die variierenden Öffnungszeiten können der Homepage www.soderasensnationalpark.se > English > naturum – Information about nature entnommen werden. Am naturum starten auch die geführten Wanderungen in den Nationalpark, im Anschluss befindet sich **Skäralids Restaurang** (www.skaralidsrestaurang.se).

Übernachten

Skäralids Camping och Vandrarhem (www.skaralid.com). Das Vandrarhem besteht aus zwei separaten Gebäuden. Direkt an den Nationalpark grenzt das „Gelbe Haus" (Gula villan) an. Es wurde 1925 als Privathaus erbaut. Da die Besitzer dieses jedoch bald als zu groß empfanden, eröffneten sie dort ein Café, „Lundgrens café", und vermieteten einige Zimmer sowie eine kleine, auf dem Grundstück stehende Hütte, „Ateljén" genannt, an Reisende. Mit den zurückgehenden Besucherzahlen verkauften sie die Gebäude 1956 an den BP-Konzern, der hier eine Tankstelle eröffnen wollte. Nachdem diese Pläne nicht umgesetzt wurden, wurde das Haus erneut verkauft und zunächst einige Jahre als Antiquariat genutzt. Ende der 70er Jahre des 20. Jahrhunderts ging es in den Besitz von Domänverket über und diente zunächst als Ferienhaus für die Angestellten, dann, ab 1981, als Naturschule. Mitte der 90er Jahre wurde auch diese Nutzung eingestellt – der Weg war frei, das Gebäude dem Vandrarhem anzuschließen. Dieses wurde bereits 1984 im ehemaligen Bahnhof eröffnet. Im Erdgeschoss dieses Gebäudes befand sich der Wartesaal, während der Bahnhofswärter im oberen Stockwerk wohnte. Der ehemalige Bahnsteig ist heute noch deutlich zu erkennen. Besonders Eisenbahneninteressierte werden im Gebäude viele interessante Erinnerungsstücke finden. Insgesamt bietet das „STF Vandrarhem Skäralid" 40 Betten in zehn Zimmern, Frühstücksbuffet kann von Mai bis August dazugebucht werden. Ganzjährig geöffnet.

Der Campingplatz liegt, etwa 300 Meter vom Haupteingang in den Nationalpark Söderåsen entfernt, in einem alten Steinbruch. Er hat von Ende März bis Ende Oktober geöffnet. Dort können zudem zwei Hütten, Parstugan und Campingstugan, gemietet werden.

An-/Abreise

Die Bushaltestelle „Skäralid Nationalparken" wird mehrmals täglich von der Buslinie 518 (Stehag – Klippan) angefahren.

Nach der Überquerung der Staumauer des Skärdammens geht es, erneut parallel zu den blauen Markierungen der Korsskär-Liagårdsrundan, steil zurück auf das Plateau des Söderåsen. Wo der Anstieg abflacht gabelt sich der Weg: Der Ås till åsleden biegt nach links ab, ein kurzer, lohnender Abstecher auf der Korsskär-Liagårdsrundan führt zum Aussichtspunkt **Hjortsprånget**. Auf einem schmalen Felsband – dieses sollte nur von schwindelfreien Personen betreten werden – steht man etliche Meter über den steil zum Talboden hin abfallenden Felssturzhalden und hat einen schönen Blick in das Tal Skäralid sowie auf den gegenüberliegenden Kopparhatten.

Die Herkunft des Namens Hjortsprånget (Hirschsprung) ist unbekannt. Einer mündlichen Überlieferung nach wurden früher Rothirsche bei Jagden über diese Klippe in den Tod getrieben. Eine Sage erzählt von einem Snapphane-Hauptmann, der vom schwedischen Heer gefangen genommen wurde. Statt ihn direkt hinzurichten, stellten die Schweden die Tollkühnheit des Mannes auf die Probe. Auf einem Rothirsch sitzend sollte er mit verbundenen Augen auf den schmalen Felssporn hinausreiten, dort wenden und zurückkommen. Der Snapphane bestand die Probe, woraufhin ihm das schwedische Heer sein Leben schenkte.

Zurück auf dem Ås till åsleden zweigt nach etwa 500 Metern rechts ein als Verbindungsweg weiß markierter Fahrweg zum **Kilahuset** (Quellenhaus) ab. Dies ist eine weitere (da der Schlüssel im Informationszentrum „naturum" abgeholt und auch wieder abgegeben werden muss, für Wanderer auf dem Skåneleden jedoch weniger gut geeignete), allerdings kostenpflichtige Übernachtungsmöglichkeit mit sechs Holzpritschen und einem Matratzenlager für etwa 20 Personen im Nationalpark Söderåsen (Buchungen per e-Mail an naturum.soderasen@lansstyrelsen.se). Kilahuset, dessen Name auf die bis heute der Trinkwasserversorgung dienende Quelle am Waldrand zurückzuführen ist, wurde 1827 erbaut. 1957 verließen die letzten Bewohner die Kate, die von 1960 bis 1989 von Domänverket als Ferienhaus vermietet wurde.

Wenig später passiert man den Serpentinvägen, die einzige öffentliche Durchfahrtsstraße im Nationalpark. Danach verläuft der Ås till åsleden leicht wellig durch die Buchenwälder am Ostrand des Söderåsens, ein kurzes Stück parallel zur gelb markierten Härsnäsrundan. Kurz nachdem diese nach rechts vom Ås till åsleden abzweigt, passiert man die kostenlose Übernachtungshütte **Dahlbergs** mit 25 Schlafplätzen auf Holzpritschen. Hier darf zudem im Zelt übernachtet werden.

Schließlich stößt man auf die rot markierte Nackarpsrundan, der man nach rechts folgt. Nach wenigen Metern hat man einen schönen Blick auf den in einer vulkankraterartigen Senke liegenden Odensjön am Ende des Nackarpsdalen. Es lohnt sich, an der Weggabelung, an der sich der Ås till åsleden von der Nackarpsrundan trennt, der roten Markierung ins Nackarpsdalen, dem drittgrößten Risstal im Söderåsen, zu folgen. Mit seinem weiten Talboden, in dem Kühe und Pferde weiden, und den flachen Hängen hat es einen weniger dramatischen Charakter als die bereits passierten Klöva hallar und Skäralid. Den Talschluss bildet der kreisrunde **Odensjön**, der auf einem breiten Wirtschaftsweg erreicht werden kann.

Seinen Namen hat der Odensjön (Odins See) der nordischen Mythologie zu verdanken, wurde er doch mit dem von Odin geopferten Auge gleichgesetzt. Lange Zeit wurde er für grundlos gehalten, dann vermutete man eine unterirdische Verbindung zur Krypta im Dom in Lund. Heute weiß man, dass der Odensjön an seiner tiefsten Stelle 18 Meter misst. Doch noch immer gibt der See, nach Klåverödsjön und Svartesjön der dritte natürliche See, der, obwohl nicht auf dem Plateau liegend, dem Söderåsen zugerechnet wird, Rätsel auf. Bis heute ist die Entstehung des Sees ungeklärt, es gibt lediglich zahlreiche Theorien. Am populärsten ist derzeit die Annahme, dass es sich um das Kar eines kleinen Gletschers handelt, das sich durch Frostsprengung in den Zwischeneiszeiten zu diesem nahezu kreisrunden Kessel ausgeweitet hat. Eine Sage erzählt hingegen, dass an diesen Platz früher ein Schloss stand. Der Schlossherr zog am ersten Weihnachtstag mit einer Gesellschaft aus Freunden zur Jagd aus. Nach der Rückkehr traf man sich zu einem Trinkgelage. Als das Fest seinen Höhepunkt erreichte, soll sich die Erde geöffnet und das Schloss mit allen Anwesenden verschluckt haben. Am nächsten Tag fand man dort, wo zuvor das Schloss gestanden hatte, nur noch einen klaren, kreisrunden See. Bei gutem Wetter, wenn der See spiegelblank daliegt, soll man die Zinnen und Türme des Schlosses in der Tiefe erkennen können.

Das Nackarpsdalen und der Odensjön stellten, ähnlich wie Skäralid, ab der Wende vom 19. zum 20. Jahrhundert ein beliebtes Ausflugsziel dar, dass mit einem kurzen Spaziergang vom Bahnhof in Röstånga erreicht werden konnte. Auch wenn das Tanzlokal im Nackarpsdalen verschwunden ist, so wird es noch immer von zahlreichen Besuchern zum picknicken genutzt, im

Blick auf den Odensjön, Nationalpark Söderåsen.

Odensjön wird gebadet und geangelt (Angelkarten sind in Röstånga erhältlich). Seit 1992 finden unter dem Motto „Kultur i Natur" („Kultur in der Natur") sogar klassische Konzerte am Odensjön statt (Programm unter www.rostanga.info).

Folgt man dem Ås till åsleden, verlässt man bald den Nationalpark Söderåsen und betritt die kleine Ortschaft **Röstånga**. Etwa 1.000 Einwohner leben in dieser ehemaligen Bahnhofsstadt, die heute nach Skäralid das wichtigste Tor zum Nationalpark Söderåsen darstellt.

Einkaufen

ICA Nära Röstånga (Marieholmsvägen). Der Supermarkt, der ein größeres Angebot bereithält als man im ersten Augenblick glauben möchte, liegt etwas versteckt hinter der Q-Star-Tankstelle direkt am Ås till åsleden.

Übernachten

Röstånga Gästgivaregård (Marieholmsvägen 2, www.rostangagastgivaregard.se). 1647 erstmals erwähnt, zählt das Haus zu den ältesten Gasthöfen Schwedens und ist entsprechend geschichtsträchtig. Am heutigen Standort steht es seit Mitte des 18. Jahrhunderts. 1906 brannte das Gasthaus ab, durch den 1909 eingeweihten Neubau erhielt es das heutige Aussehen. Ein Saal ist dem Landschaftsmaler Per Gummeson gewidmet, der nach einem zweiwöchigen Urlaub im Gasthaus nach Röstånga zog und sich dort von der Natur des Söderåsen für seine Kunstwerke inspirieren ließ. Ein weiterer berühmter Gast war der damalige SPD-Parteivorsitzende Erich Ollenhauer, der Röstånga 1954 auf Einladung des schwedischen Ministerpräsidenten Tage Fritiof Erlander besuchte. Heute besteht das Gasthaus aus 50 Hotel- und zehn Vandrarhem-Zimmern, alle mit Dusche und WC.

Söderåsens Vandrarhem („Villa Söderåsen", www.soderasensvandrarhem.se). Direkt an den Nationalpark Söderåsen sowie den Ås till åsleden angrenzend ist dieses dem SVIF zugehörige Haus seit dem Bau 1904 als Hotel genutzt worden. 1996 wurde das Gebäude renoviert und modernisiert. Insgesamt verfügt die Villa Söderåsen über 14 Zimmer, Duschen und WC befinden sich auf dem Korridor. Auf Wunsch wird Frühstück serviert. Im Haus befindet sich auch eine kleine Ausstellung über den Nationalpark Söderåsen.

Röstånga Camping & Bad (Blinkarpsvägen 3, www.rostangacamping.se). Am Ortsrand von Röstånga gelegen, etwa einen Kilometer vom Ås till åsleden entfernt, verfügt der Campingplatz über ein öffentliches Freibad (Schwimmerbecken mit 50-Meter-Bahnen, Kinderbecken und Wasserrutschbahn).

An-/Abreise

Die Bushaltestelle „Röstånga busstation" wird mehrmals täglich von den Buslinien 243 (Svalöv – Röstånga) und 518 (Stehag – Klippan) angefahren.

Die Wegführung durch Röstånga beginnt unterhalb von „Söderåsens Vandrarhem" an der Touristeninformation auf dem zum Nackarpsdalsvägen gehörenden Parkplatz. Dem Nackarpsdalsvägen folgt man bergab zum Marieholmsvägen. Hier liegt rechts der „Röstånga Gästgivaregård", dem Ås till åsleden folgend biegt man jedoch nach links ab, bevor man auf dem gegenüber vom Supermarkt nach rechts abzweigenden Billingevägen weiterwandert. Am Kolemavägen biegt man erneut nach links ab. So überquert man die Straße 13 (Skäralidsvägen) und folgt dem Kolamavägen 800 weitere Meter bis in den Vorort Kolema. Hier setzt man dann die Wanderung rechts auf einem Feldweg fort. Diesem folgt man bis zum etwas versteckt an einem kleinen Parkplatz liegenden Eingang in das **Naturreservat Gällabjer**.

Über Pferde-, Kuh- und Schafweiden wandert man nun auf schmalen Pfaden – es ist deutlich zu erkennen, dass diese Wege seltener begangen werden als die auf dem Söderåsen – durch eine Kulturlandschaft aus lichten Birkenwäldchen, Wacholderbeständen und erlenbestandenen Feuchtgebieten bis zum Etappenziel am **Lagerplatz Jällabjär**. Zum Schutz vor Weidetieren ist dieser komplett eingezäunt. Die Wasserpumpe liegt außerhalb der Umzäunung, Toiletten und Abfallbehälter am rund 200 Meter entfernten Parkplatz.

Etappe 6: Jällabjär - S Hultarp (12 km)

Die Etappe beginnt mit dem Aufstieg auf den 124 Meter hohen Vulkankegel **Gällabjer**. Hier lohnt es sich, auf die Steine in der parallel zum Wanderpfad verlaufenden Mauer zu achten: Mit zunehmender Höhe wird diese mehr und mehr von Basalt dominiert – ein Hinweis darauf, dass der Bau dieser Mauern mit den vor Ort aufzufindenden Steinen stattgefunden hat. Vom Gipfel des Gällabjer hat man einen letzten schönen Blick zurück nach

Westen auf den Söderåsen. Etwa 100 Meter nördlich des höchsten Punkts wurden links des Weges einige Basaltsäulen freigelegt.

Nachdem man das Naturreservat Gällabjer verlassen hat, passiert man einige mit Bohlen ausgelegte feuchte Stellen, dann wandert man fast weglos, aber gut markiert durch einen Fichtenforst. Schließlich erreicht man eine Schotterstraße. Auf dieser biegt man nach links ab und läuft auf das Straßendorf **Anderstorp** zu, in dem heute etwa 20 Menschen dauerhaft leben. Dieses ist von hohem kulturhistorischen Wert, da sich der alte Charakter des Dorfs mit dicht, aber unregelmäßig beieinander stehenden Höfen entlang der kurvenreichen Dorfstraße erhalten hat.

Bevor man das fast 1.000 Jahre alte Dorf erreicht, erinnert ein Gedenkstein auf einem Parkplatz an der linken Straßenseite an die „Schlacht von Anderstorp". Im Schonischen Krieg hatte die dänisch-norwegische Personalunion im Sommer 1676 zunächst das im Frieden von Roskilde an Schweden abgetretene Skåne zurückerobern können. Im Herbst 1676 ging Schweden dann mit 15.000 Soldaten in die Gegenoffensive. Aus einer blutigen Schlacht bei Lund am 4. Dezember 1676, bei der beide Seiten etwa die Hälfte ihrer Soldaten verloren, ging Schweden als Sieger hervor, woraufhin große Teile von Skåne wieder unter dessen Herrschaft fielen. Im Oktober 1677 wurde dann eine schwedische Einheit aus Norrvidinge, einem etwa 15 Kilometer nördlich von Lund gelegen Dorf, nach Kristianstad im Nordosten von Skåne beordert, um dieses von den dänischen Besatzern zurückzuerobern. Am 17. Oktober 1677 passierte diese Einheit das Dorf Anderstorp, wo die Snapphaner zu diesem Zeitpunkt erfolglos versuchten, neue Gefolgsleute zu gewinnen. Die Snapphaner hatten, nachdem sie die Nachricht der Truppenverlegung erhalten hatten, einen Hinterhalt aufgebaut. Im anschließenden Kampf verloren die schwedischen Truppen mindestens 50 Soldaten, anschließend wurde Anderstorp von den Snapphaner niedergebrannt. Die Toten Soldaten wurden vor Ort auf einer Wiese bestattet, die den Namen Svenskalyckan („Schwedenglück") erhielt und bei der es sich um die Lichtung am Ende des Pfades, der am Gedenkstein beginnt, handeln soll.

Nach der Durchquerung von Anderstorp folgt man der Ausschilderung „Eneskogen" (Wacholderwald), um zur größten Sehenswürdigkeit des Dorfes zu kommen. Zwischen mehrere Meter hohen Wacholderbüschen, den höchsten in Skåne, vereinzelten Rotbuchen und alten Stieleichen wandert man durch eine sanft ansteigende Heidelandschaft auf den Hügel Äskekull. In den Sommermonaten blühen hier Kleines Habichtskraut, Rundblättrige Glockenblume und Sand-Thymian.

Nun beginnt der Abstieg in das Tal des Rönne å, zunächst kaum merklich über einen schmalen Pfad, dann kurzzeitig auf landwirtschaftlichen Wegen. Etwas versteckt zweigt ein Pfad nach links ab, der über Weiden und durch Wald unterhalb des **Natthall**, einem weiteren Vulkankegel, verläuft. Der Legende nach lebt ein Troll in dem Berg, von dessen Gipfel, der durch einen weglosen Abstecher bestiegen werden kann, sich ein schöner Blick in das Tal des Rönne å eröffnet. An den Hangen wachsen verschiedene Blumen, unter anderem Gelbes Windröschen, Zwiebel-Zahnwurz, Knoblauchsrauke, Raues Veilchen und Echte Schlüsselblume.

Am Fuß des Bergs, direkt am Rönne å, liegt ein ehemaliger, auf älteren Karten noch verzeichneter Lagerplatz des Ås till åsleden. Auch wenn dieser mittlerweile zurückgebaut ist, so bietet er sich noch immer ideal zum Aufstellen des Zeltes an. Das Trinkwasser entnimmt man dem Rönne å – da dieser durch landwirtschaftlich genutzte Flächen fließt sollte das Wasser allerdings unbedingt mit einem Wasserfilter gereinigt werden!). In jüngeren Ausgaben der offiziellen Wanderkarte des Ås till åsleden wird die Etappen-länge zwischen den Rastplätzen Jällabjär und S Hultarp mit vier Kilometern angegeben – dies ist jedoch die Entfernung von hier bis zum Etappenziel im Naturreservat S Hultarp!

Im Tal des Rönne å.

70

Wenig später folgt die Überquerung des **Rönne å**, einem beliebten Kanu-fluss, der Jahrhunderte lang als wichtiger Transportweg genutzt wurde. Er entwässert den Västra Ringsjön und mündet nach 83 Kilometern bei Ängel-holm in die zum Kattegat gehörende Bucht Skälderviken. Im Oberlauf ist der Rönne å relativ naturbelassen, im Unterlauf wird er bei Klippan durch zwei Kraftwerke aufgestaut. Auch wenn diese für Wanderfische ein unüber-windliches Hindernis darstellen, so konnten im gesamten Fluss doch mehr als 30 verschiedene Fischarten gezählt werden. Gewöhnlich sind Bach-forelle, Europäischer Aal und Elritze, zu den selteneren Arten zählen Quappe und Meerneunauge. Auch der Edelkrebs ist im Rönne å heimisch.

Zahlreiche Legenden ranken sich um den Rönne å. Beispielsweise die um den Wassermann, der hier Bäckamannen genannt wird. Es war Tradition, dass jeder Holzschuhmacherlehrling das erste geglückte Paar Schuhe für den Wassermann in den Fluss werfen sollte. Man erzählt sich, dass einmal ein junger Mann für seine Gesellenprüfung ein besonders schönes Paar Schuhe geschnitzt hatte. Ihm selbst gefielen diese so gut, dass er sie nicht dem Wassermann überlassen wollte. Also suchte er sich vor der Querung des Rönne å zwei Stücke Erlenholz, die er grob zurechtschnitze und statt der Schuhe in den Fluss warf. In der darauffolgenden Nacht wurde er durch ein zweimaliges Poltern an der Wand seiner Hütte geweckt. Als er nach-schauen ging, lagen dort die beiden Erlenholzstücke. Reumütig kehrte der junge Schuhschnitzer an den Fluss zurück, wo er das richtige Paar Schuhe ins Wasser warf. Traurig schaute er hinterher, wie sein Werk mehrerer Stunden harter Arbeit davonschwamm.

Der Weg setzt sich zunächst im Tal des Rönne å fort. Bei Hochwasser ist dieses Stück nicht passierbar. Dann geht es kurz, aber relativ steil aufwärts und man betritt eine schmale Weide. Nach deren Überquerung sollte man zunächst noch am Zaun entlang nach rechts wandern, gelangt man so doch zu einer Möglichkeit, diesen bequem auf einer einfachen Leiter zu überqueren.

Die folgenden fast dreieinhalb Kilometer zwischen Eketorp und Södra Hultarp muss man nun auf der geteerten, aber wenig befahrenen Straße, die zunächst wellig durch ein Waldgebiet, dann vorbei an den Höfen von Enetorp und Norra Hultarp verläuft, zurücklegen. Am zum **Naturreservat Södra Hultarp** gehörenden Parkplatz biegt man nach links in den Buchen-wald ein und ist nach wenigen hundert Metern am Etappenziel, dem **Lager-platz S Hultarp** angekommen. Die Schutzhütte liegt gut ausgeschildert etwa einhundert Meter rechts des Hauptwegs, Toilette und Abfällbehälter befinden sich am Parkplatz. Die Wasserpumpe, die eine Quelle anzapft, die in niederschlagsarmen Perioden ausfallen kann, liegt etwa 300 Meter entfernt (an der Mauer entlang) südwestlich der Schutzhütte.

Etappe 7: S Hultarp – Maglebjär (15 km)

Zurück auf dem Hauptweg wandert man nach rechts, zunächst weiter durch das Naturreservat Södra Hultarp, das unmerklich in das **Naturreservat Allarps bjär** übergeht. In diesem ist die Orientierung auf Grund mehrerer umgestürzter Bäume kurz unübersichtlich. Hier sollte man sich von der letzten gut erkennbaren Markierung geradeaus halten, dabei mit den Blicken aber leicht nach rechts orientieren. So entdeckt man bald die nächsten Markierungen.

Schließlich erreicht man einen etwas breiteren Weg, man nach rechts folgt. Hier liegt rechts im Wald ein Stein aus dunklem Granit, der **Karrastenen.** An diesem maßen die Männer der Umgebung früher ihre Kräfte, wenn sie an den Wochenenden zum heute nicht mehr existierenden Tanzlokal am Allarps bjär kamen. Nur wer den Stein anheben konnte, wurde als „echter Mann" bezeichnet.

Kurz bevor der Weg das Naturreservats Allarps bjär verlässt, setzt sich der Ås till åsleden nach links auf einem erneut schmalen Pfad parallel zur Grenze des Schutzgebiets fort. So besteigt man den Gipfel des **Allarps bjär.** Hierbei handelt es sich um eine weitere Basaltkuppe eines vor 200 bis 80 Millionen Jahren aktiven Vulkans. Nordwestlich des Gipfels treten einige Basaltsäulen zutage.

Man verlässt das Naturreservat Allarps bjär. Nach rechts abbiegend verläuft der Ås till åsleden von nun an teilweise identisch mit einem alten, ursprünglich auf 16 Kilometern zwischen dem zur Schwedischen Kirche gehörenden Hotel „Stiftsgården Åkersberg", einem ehemaligen Bischofssitz in Höör, und der Kirche in Hallaröd reaktivierten Pilgerweg (**Pilgrimsleden**). Dieser wurde mittlerweile auf 140 Kilometer Länge bis zur im Osten von Skåne liegenden Kirche in Sankt Olof zum Fernwanderweg ausgebaut. Dieser führt auf einer wenig befahrenen Schotterstraße durch Felder sowie die Weiler Äsperöd und Månstorp. Zwischen den Häusern von Halleröd wandert man auf einem schmalen Pfad zur **Sankt Olofskällan,** die hinter einer Hecke links des Weges liegt. Bei der Sankt Olofskällan handelt es sich um eine Olav (im Schwedischen Olov) dem Heiligen gewidmete Opferquelle. Olav der Heilige ging zu Lebzeiten als Olav II. Haraldsson in die Geschichtsbücher ein. Dieser wurde um 995 in Dänemark geboren und bereits 1015 zum König von Norwegen ernannt. Auf Wikingerfahrten, die ihn unter anderem in die Normandie (Frankreich) führten, hatte er zuvor den christlichen Glauben kennengelernt und sich 1013 in Rouen taufen lassen. 1024 setzte Olav im Rahmen einer Kirchenversammlung auf Moster, einer Insel im norwegischen Bømlafjord, die Christianisierung Norwegens – und damit letztendlich Skandinaviens – fest. 1027 wurde Olav von norwegischen Stammesführern, unterstützt durch den englischen König Knut der Große, gestürzt. Beim Versuch den Thron zurückzuerobern fiel Olav am 29. Juli 1030 in der Schlacht von Stiklestad und wurde anschließend im 90 Kilometer südlich gelegenen Trondheim beigesetzt. Schon bald verbreiteten sich Geschichten über Wunderheilungen an seinem Grab, das in der Folge schnell zum wichtigsten Pilgerziel Skandinaviens wurde. Über seinem Grab wurde schließlich in mehreren Bauphasen der Nidarosdom errichtet, der im Mittelalter und von 1818 bis 1906 als Krönungsstätte der norwegischen Könige diente. Obwohl es keinen Beleg dafür gibt, dass Olav von einem Papst heilig gesprochen wurde, gilt er trotzdem als wichtigster Heiliger Nordeuropas, wo er zudem als Schutzpatron gegen heidnische Mächte angesehen wird.

Genauso wie Olav für den Übergang vom Heiden- zum Christentum in Skandinavien steht, wurden im Zuge der Christianisierung viele heidnische Gebräuche und mystische Orte umgewidmet. So ist davon auszugehen, dass auch die Sankt Olofskällan bereits in vorchristlicher Zeit als Opferquelle diente. Besonders im Mittelalter – zwischen 1050 und 1500 – lebte der Quellenkult, gefördert von der katholischen Kirche, neu auf. Es wurde vor allem Geld, in seltenen Fällen auch Lebensmittel, geopfert, wovon man sich Gesundheit, Wohlstand und das tägliche Brot erhoffte. Als Schutzheiliger gegen die heidnischen Mächte wurde Olav (und damit auch die nach ihm benannte Quelle) zudem die Macht zugesprochen, Raubtiere, Schlangen und Trolle vom Vieh fernzuhalten und für eine gute Ernte zu sorgen. Das Trinken des Quellwassers galt zudem als heilend. Mit der Reformation 1536 wurden diese Riten als abergläubisch und primitiv bewertet. Ende des 16. Jahrhunderts erstarkte jedoch in der Medizin der Glauben an die Heilkraft von Quellwasser. Und so konnte sich der Quellenkult, trotz fehlender Unterstützung der Kirche, bis ins 19. Jahrhundert hinein halten. Dies führte dazu, dass die Pilger noch vor 200 Jahren nach Gottesdiensten in der nicht weit entfernten Kirche bis zur Quelle weiterzogen. Am Sankt Olofstag, dem 29. Juli, wurde im Umfeld von Quelle und Kirche zudem ein Markt abgehalten, dessen Besuch den Abschluss der Pilgerfahrt zur Sankt Olofskällan bildete. Mitte des 18. Jahrhunderts, mit nachlassendem Interesse am Quellenkult, wurde der Markt nach Höör verlegt. In den letzten Jahren ist die Pilgerbewegung in Skandinavien jedoch wieder erstarkt – und so gibt es heute zahlreiche organisierte Pilgerwanderungen, die die Quelle als Start oder Ziel haben.

Der Ås till åsleden setzt sich auf dem Pfad bis zur etwa 300 Meter entfernten Kirche von Hallaröd fort, der **Sankt Olofskyrkan**, an der der Pilgrimsleden endet. Die Kirche wurde wahrscheinlich Ende des 12. Jahrhunderts im romanischen Stil erbaut, der Wehrturm kam im späten Mittelalter hinzu. Langhaus und Chor sind bis heute erhalten, die halbrunde Absis jedoch wurde 1834 abgerissen. 1953 wurde die Kirche aufwändig saniert, wobei ein besonderes Gewicht darauf gelegt wurde, ihr das mittelalterliche Erscheinungsbild zurückzugeben. Im spätmittelalterlichen Chorgewölbe wurden bereits 1913 Kalkmalereien im spätgotischen Stil entdeckt, 2001 wurden im Turm Malereien aus dem späten 18. Jahrhundert freigelegt. Zum Inventar gehört ein mittelalterlicher Taufstein sowie mehrere Eichenholzschnitzereien, die unter anderem Olav den Heiligen darstellen.

Die Kirche Sankt Olofskyrka in Hallaröd.

An der Kirche von Hallaröd kann die Wanderung abgebrochen werden. Der Bus 448 fährt wochentags früh morgens und nachmittags nach Höör, wo Anschluss an die Züge nach Malmö besteht.

Der Ås till åsleden verläuft für die nächsten anderthalb Kilometer auf einer Straße, die in einer scheinbar endlosen Geraden eine Anhöhe hinaufführt. Nach etwas mehr als einem Kilometer stößt von links der Pilgrimsleden erneut auf den Ås till åsleden. Eine Markierung am linken Straßenrand zeigt schließlich an, wo die beiden Wanderwege nach rechts auf einen Waldweg, der später in einen schmalen Pfad übergeht, abzweigen. Vorbei an zahlreichen Lesesteinmauern schlängelt sich dieser durch ein abwechslungsreiches Waldgebiet. Man stößt auf einen Forstweg, dem man nach rechts folgt. Dieser trifft wenig später auf eine Straße, auf der man geradeaus in das Naherholungsgebiet Frostavallen hineinwandert (der Pilgrimsleden folgt der Straße nach links).

Nach etwa 400 Metern erreicht man einen Parkplatz, an dem mehrere Wanderwege des Naherholungsgebiets beginnen, auch der Pilgrimsleden verläuft ab hier wieder parallel zum Ås till åsleden. Es lohnt sich, hier der schwarz markierten Dagstorpsslingan sowie dem Pilgrimsleden nach links zu folgen. So kommt man zum **Dagstorpssjön**. Auf einer Landzunge lädt eine Schutzhütte mit Blick auf den See zu einer längeren Pause – oder sogar zu einer Übernachtung – ein. Wer hier übernachtet kann der etwa neuneinhalb Kilometer langen Dagstorpsslingan rund um den See folgen, an dessen Nordufer sich das **Naturreservat Dagstorp** befindet.

Verzichtet man am Parkplatz auf den Abstecher zum Dagstorpssjön setzt sich der Ås till åsleden parallel zu der weiß markierten Bjäretslingan, der grün markierten Långstorpsslingan und dem Pilgrimsleden noch kurzfristig auf der Schotterstraße fort, biegt dann jedoch wie die anderen Wanderwege auch nach rechts auf einen Pfad ab. Nach einem kleinen Bachlauf liegt rechts des Wegs ein Rastplatz mit Tisch und Bänken, allerdings ohne Schutzhütte. Direkt dahinter erhebt sich rechterhand der **Ulfsbjär**, ein weiterer Vulkankegel. Vom Ås till åsleden aus hat man einen guten Blick auf die mit Edellaubwald bestandene Felssturzhalde. Alte und abgestorbene Bäume machen diese zu einem wertvollen Biotop. Die schattige Lage, die hohe Luftfeuchtigkeit sowie der nährstoffreiche Untergrund begünstigen das Wachstum zahlreicher Flechten, Moose und Farne. Auch Schnecken, darunter einige seltene Arten, finden hier einen idealen Lebensraum.

Die weiß markierte Bjäretslingan zweigt kurz darauf nach rechts ab; Ås till åsleden, Långtorpsslingan und Pilgrimsleden führen geradeaus weiter. Vorbei an einem einsam im Wald stehenden Haus, Bergstorp, kommt man zu einer weiteren Schotterstraße. Hier trennen sich Ås till åsleden und Långtorpsslingan vom Pilgrimsleden, der weiter geradeaus verläuft, während man selbst nach links und kurz danach auf einen Forstweg nach rechts abbiegt. Der Forstweg geht wieder in einen schmalen Pfad über, der sich durch die Wälder auf den ursprünglichen Kern von Frostavallen zuschlängelt. Hier passiert man die Informationstafel zu dem 1970 ausgewiesenen, mittlerweile jedoch wieder aufgehobenen Naturreservat Frostavallen – Långstorp.

Das **Naherholungsgebiet Frostavallen** hat seine Ursprünge in den 30er Jahren des 20. Jahrhunderts. Die hügelige Landschaft, von der man früher dank deutlich weniger Bewaldung eine hervorragende Aussicht auf den Ringsjön und bis hin zum Dom von Lund hatte, entwickelte sich schnell zu einem beliebten Ausflugsziel für die Bevölkerung Malmös – vor allem im Winter, da das Gebiet verhältnismäßig schneesicher ist. So legte der Föreningen för skidlöpningens främjande (Verein zur Förderung des Skilaufens), der heute den Namen Friluftsfrämjandet (Natursportförderung) führt, innerhalb weniger Jahre Wanderwege, Loipen, Abfahrtspisten und 1931 sogar eine Skisprungschanze an. 1932 wurde eine erste „Wärmehütte" eröffnet, 1934 folgte ein größeres Ausflugslokal, Storstugan, heute eine Hotel- und Konferenzanlage. Im gleichen Jahr eröffnete die schwedische Eisenbahn den heute nicht mehr existierenden Bahnhof Sjunnerup, der als wichtigstes Zugangstor nach Frostavallen diente.

Der Ås till åsleden passiert einige dieser ehemaligen Anlagen – denen man leider ansieht, das die Glanzzeiten des Ausflugsziels vorbei sind. Zunächst den Rodelhang, dann einen Sportplatz, schließlich die **Hotel- und Konferenzanlage Frostavallen** (www.frostavallen.se). Hier werden 22 Doppelzimmer und 33 Einzelzimmer im „Stora Hotell" sowie vier Doppelzimmer und zwölf Einzelzimmer im „Lilla Hotell" angeboten. Fast benachbart liegt das **STF Vandrarhem Höör/Frostavallen** (www.stfvandrarhemhoor.se), das in insgesamt acht Gebäuden Platz für 46 Personen bietet. Mit dem mehrmals täglich verkehrenden Bus 441 ist man von hier in einer viertel Stunde am Bahnhof in Höör.

Die Wegführung des Ås till åsleden ist auf den nun folgenden Metern leider etwas undeutlich. Nach der Querung der Straße geht man auf dieser wenige Meter nach links. Der nächste Weg nach rechts führt an einer Fasanerie, der Hagstadsstugan (einer Kate aus dem 18. Jahrhundert) sowie einem Freilichttheater entlang. So gelangt man zum Bade- und Rastplatz am **Växsjön**, an dessen Ufer man nach rechts abbiegt, weiterhin parallel zur grün markierten Långtorpsslingan sowie zusätzlich zur rot markierten Växsjöslingan.

Am Südende des Vaxsjön liegen rechts der Uferpromenade zwei bronze-zeitliche Stätten, zunächst ein Hügelgrab, wenig später ein Hügel aus durch Feuer zersprungener Steine. Diese sind ein Hinweis darauf, dass dieser Platz wahrscheinlich bereits vor rund 3.000 Jahren besiedelt war.

Nach der Umrundung des Växsjön trennt sich der Ås till åsleden von Lång-torps- und Växsjöslingan, dafür trifft er auf den Nord till sydleden (Skåne-leden 2). Gemeinsam führen beide Wege nach rechts auf einem schmalen Pfad, der parallel zu einem Zaun führt, der das Naherholungsgebiet Frosta-vallen von Skånes djurpark trennt.

Skånes djurpark (ganzjährig geöffnet, www.skanesdjurpark.se) ist auf jeden Fall einen Besuch wert, für den man sich einen Tag Zeit nehmen sollte – denn hier hat man die Chance, etwa 80 der für Skandinavien typischen Tierarten (vielen davon könnte man auch bei einer Wanderung auf dem Ås till åsleden begegnen) in großzügigen Gehegen zu beo-bachten. Dazu biegt man an der nächsten Straßenquerung nach rechts ab und folgt der Straße für einen Kilometer in Richtung Höör (alternativ kann man den Bus 441 nach Höör nutzen, die Bushaltestelle befindet sich wenige Meter links vom Ås till åsleden). Skånes djurpark liegt auf der rechten Straßenseite. Hier befindet sich auch der Zugang zum 300 Meter entfernten **Campingplatz** (www.grottbyn.se) der auch über ein Vandrar-hem mit 64 Betten in zwölf unterirdischen Zimmern verfügt. Der Camping-platz liegt teilweise im **Naturreservat Ekastiga**. Im dreieinhalb Kilometer entfernten Höör, mit dem Bus 441 ab der Haltestelle Skånes djurpark zu er-reichen, besteht die Möglichkeit, die Vorräte aufzufüllen.

Wer den Abstecher zum Skånes djurpark nicht einbauen möchte, quert die Straße und wandert geradeaus auf einem schmalen Pfad weiter. Links von diesem liegt das **Naturreservat Frostavallen – Ullstorp**.

Der Pfad mündet in eine Schotterstraße, auf der sich der Ås till åsleden nach rechts fortsetzt. Das Etappenziel, der **Lagerplatz Maglebjär**, liegt etwas abseits von dieser links im Wald versteckt. Zeltplätze sind hier schwer zu finden, Wasser erhält man an der benachbarten Pfadfinderhütte, die Toilette befindet sich am Abzweig von der Schotterstraße zur Schutz-hütte.

Etappe 8: Maglebjär – Onsvalakällan (8 km)

Vom Lagerplatz Maglebjär geht man zurück auf die Schotterstraße, auf der man die Wanderung nach links fortsetzt. Doch bereits bei der nächsten Möglichkeit biegt man links auf einen Pfad ab, der durch eine abwechslungsreiche Kulturlandschaft nach **Sjunnerup** (hier lag der Bahnhof für das Naherholungsgebiet Frostavallen) führt.

Etwas über einen Kilometer wandert man nun auf einer kleinen Asphaltstraße durch die Ortschaft Sjunnerup. Schließlich erreicht man eine Landstraße. Hier besteht die Möglichkeit, die Wanderung an der Bushaltestelle Furuvägen abzubrechen (der Bus 448 fährt an Wochentagen mehrmals täglich zum Bahnhof in Höör). Wer die Wanderung fortsetzt, biegt auf die relativ stark befahrene Landstraße nach rechts ab. In einer langgezogenen S-Kurve (Vorsicht: Diese ist für die relativ schnellen Autofahrer – hier ist Tempo 70 erlaubt – schwer einsehbar, daher sollte aufmerksam am linken Fahrbahnrand gegangen werden!) überquert man die Bahntrasse zwischen Höör im Süden und Hässleholm im Norden. Nach 350 Metern führt am Ausgang der S-Kurve, vor den Gebäuden auf der linken Straßenseite, ein Forstweg nach links in den Wald hinein.

Man betritt nun das Gelände einer ehemaligen Ziegelfabrik, die von 1880 für etwa zehn Jahre in Betrieb war, aber nur wenige bis heute sichtbare Spuren hinterlassen hat. In drei flachen Gruben am Wegesrand wurden Lehm und Torf von Pferden und Ochsen zu Ton vermischt, mit etwas Suchen kann man zudem die Ruinen des Brennofens entdecken.

Der Ås till åsleden verläuft nun für etwa 600 Meter parallel zur Landstraße, auf der er sich dann für die folgenden rund 300 Meter fortsetzt. Dann zweigt der Ås till åsleden etwas versteckt im Gebüsch wieder nach links von dieser ab. Folgt man der Landtraße weiter bis zur Einmündung in die Straße 23 und biegt dort nach rechts ab (insgesamt etwa 450 Meter) gelangt man zur nächsten Bushaltestelle, „Ekeröd N. Rörumsvägen", von wo auch an Wochenenden mit dem Bus 443 eine Verbindung zum Bahnhof in Höör besteht.

Das folgende Wegstück des Ås till åsleden, ein schmaler Pfad, ist relativ feucht und führt zu einem Wildschutzzaun, der die Straße 23 (Tjörnarpsvägen) sichert. Nachdem man diesen durchquert hat, wandert man am Straßenrand nach links. Der Ausgang durch den Wildschutzzaun auf der anderen Straßenseite liegt etwas versteckt am Ende der Haltebucht der rechten Fahrbahn, deren Überquerung auf Grund des vielen Verkehrs und der hohen gefahrenen Geschwindigkeit sehr viel Vorsicht erfordert.

Der Pfad schlängelt sich nun durch einen Buchenwald mit zahlreichen jungen Bäumen im Unterwuchs. Wo er das erste mal einen Forstweg kreuzt fehlt die Markierung – hier setzt sich der Ås till åsleden auf der anderen Seite des Weges als Trampelpfad fort. Zahlreiche nicht datierbare Lesesteinhaufen zeugen von der langen Nutzung des Gebiets als Acker. Ein wahrscheinlich aus der älteren Bronzezeit stammendes Hügelgrab, **Tjörneshög**, das rechts des Ås till åsleden versteckt im Wald liegt, lässt vermuten, dass diese Böden mehrere Jahrtausende lang produktiv genutzt wurden.

Auf schmalen Pfaden durch lichte Wälder.

Man erreicht eine Schotterstraße, der man nach links folgt. Hier sind die Markierungen recht sparsam angebracht, der Abzweig auf einen Trampelpfad nach rechts aber nicht zu übersehen. Bis kurz vor das Etappenziel Onsvalakällan verläuft der Ås till åsleden nun auf Pfaden oder kleinen Forstwegen abwechslungsreich durch Wälder.

Der **Lagerplatz Onsvalakällan**, benannt nach der benachbarten Quelle, die hier auch der Wasserversorgung dient (empfindliche Personen sollten das Wasser vor dem Verzehr filtern oder abkochen), liegt etwas abseits eines Forstweges im Wald versteckt. Der Name ist wahrscheinlich auf den früher hier vorkommenden Schwarzstorch zurückzuführen, der in der nordischen Mythologie auch als „Odinsschwalbe" („Odens svala"), einen der geflügelten Boten des Gottes Odin, bezeichnet wurde. Eine andere Theorie ist, dass die Quelle zu heidnischen Zeiten als Opferplatz für Odin verwendet wurde. Bis heute sagt man der Quelle magische Eigenschaften nach. So erzählt beispielsweise ein alter Brauch, dass Jungfrauen, die ihren Schmuck in der Quelle opfern, das Bild ihres zukünftigen Ehemannes auf der Wasseroberfläche sehen können.

Benachbart zur Quelle Onsvalakällan liegt ein Hügel namens **Odinsvallen**. Hier sollen vor der Christianisierung nach siegreichen Kämpfen ausschweifende Feste gefeiert worden sein. Bis heute erzählt man sich, dass in manchen Nächten der Schein der Lagerfeuer zwischen den Baumstämmen zu sehen und das Lachen und Grölen der feiernden Krieger zu hören sei.

Etappe 9: Onsvalakällan – Bjeveröd (4 km)

Den Lagerplatz an der Onsvalakällan verlässt man auf einem schmalen Pfad, der nach wenigen Metern wieder auf den Forstweg, den man kurz vor Erreichen des Etappenziels verlassen hat, einmündet. Rechts liegt, ein wenig im Wald versteckt, ein Fischteich, der zu einer Rast einlädt.

Wenig später erreicht man eine wenig befahrene Landstraße, auf der man kurz nach rechts wandert, um jedoch gleich darauf wieder links auf den nächsten Forstweg einzubiegen. Dieser führt auf einer langen Geraden durch eine sanft hügelige Landschaft. Der Forstweg wird immer schmaler und verwachsener, was sich nach einem scharfen Rechtsknick fortsetzt. Wenig später wandert man nach links auf einem Trampelpfad in das Naherholungsgebiet Fulltofta. Hier wird man erneut von einem Forstweg empfangen, auf dem man die Wanderung nach links fortsetzt.

Schließlich trifft man erneut auf eine wenig befahrene Landstraße. Auf dieser wandert man kurz geradeaus, verlässt sie aber schon bei der nächsten Möglichkeit, der geschotterten Zufahrt zur Mühle von Bjeveröd, Bjeveröds kvarn, nach rechts. Bevor man die Mühle erreicht, biegt der Ås till åsleden von diesem Zufahrtsweg, dem Kvarnvägen, auf einen Pfad über

Forstweg auf dem Weg zum Naherholungsgebiet Fulltofta.

eine Weide nach rechts ab. Hinter der Weide befindet sich dann schon die zum **Lagerplatz Bjeveröd** gehörende Schutzhütte. Die Wasserstelle sowie das Toilettenhäuschen befinden sich einige hundert Meter entfernt am Ufer des Angelteiches Bjeveröddammen neben einer Grillhütte. Die Wiese zwischen der Schutzhütte und dem Bjeverödsdammen ist als Zeltwiese freigegeben. Beim Aufstellen des Zeltes sollte jedoch unbedingt auf tierische Hinterlassenschaften geachtet werden, da es sich um ein beliebtes Gebiet zum Ausführen von Hunden handelt.

Etappe 10: Bjeveröd – Ekeröd (11 km)

Die Etappe von Bjeveröd nach Ekeröd führt zum größten Teil durch das **Naherholungsgebiet Fulltofta**. Dabei handelt es sich um ein heute überwiegend bewaldetes Gebiet. Dies war jedoch nicht immer so: Innerhalb des Naherholungsgebiet befindet sich einer der größten zusammenhängenden Bereiche mit vorhistorischen Äckern und Lesesteinhaufen innerhalbs Schwedens, darüber hinaus zahlreiche steinzeitliche Wohnplätze. Zusammen mit vielen Gräbern zeugt dies davon, dass hier die Menschen seit frühester Zeit gelebt haben.

Bohlenweg am Kvesarumsån, Naherholungsgebiet Fulltofta.

Die Etappe beginnt auf einem breiten Bohlenweg, der am Ufer des **Kvesarumsån** entlang führt. Dieser fließt in weiten Mäandern und kleinen Stromschnellen durch einen fast exotisch wirkenden Galeriewald. Mehrere Rinnen und Mauern zeugen von Mühlen, die hier einst standen. Im Wasser kann man mit etwas Glück Bachforellen und Rotaugen entdecken. Besonders auffällig sind im Frühjahr die Bachneunaugen. Während der Fortpflanzungszeit lassen sie sich in großen Schwärmen an den Laichgruben beobachten, wenn zahlreiche Männchen versuchen, die Eier eines Weibchens zu befruchten. Nach der Paarung sterben die Fische. Nach wenigen Tagen schlüpfen die Larven aus den Eiern und suchen sich einen Platz, an dem sie sich im sandigen Untergrund eingraben können und Plankton sowie Pflanzenteile aus dem Wasser filtern. Nach vier bis sechs Jahren im Larvenstadium durchgehen sie eine Metamorphose, bei der sie sich zum erwachsenen Fisch verwandeln. Dabei bilden sich unter anderem die Geschlechtsorgane aus, während der Darmtrakt degeneriert. Das ganze Tier ist nun ausschließlich auf Fortpflanzung ausgerichtet, eine Nahrungsaufnahme findet nicht mehr statt. Nach der Laichphase sterben die adulten Tiere.

Den Bohlenweg verlässt man auf einem schmalen Pfad, der nach links in den Wald abzweigt. Nach einer kurzen Steigung erreicht man einen Forstweg. Dieser mündet auf einen weiteren Forstweg, der wiederum in die Fortsetzung des Kvarnvägen, den Zuweg zur Mühle von Bjeveröd, den man auf der vorherigen Etappe kurz vor Erreichen der Schutzhütte Bjeveröd verlassen hat, mündet. Den Kvarnvägen verlässt man kurz vor einer spitzwinkeligen Einmündung auf einem Pfad nach rechts.

Der Ås till åsleden überquert den kurz darauf erreichten Forstweg, den Hanavägen. Es lohnt aber, der Ausschilderung zu den etwa 200 Meter entfernt liegenden Ruinen der Kate **Hungern** (auch Hanahus genannt) zu folgen. Der Name Hungern bedeutet übersetzt genau das, was man vermutet: Hunger. Damit sagt er viel über das Schicksal der Menschen aus, die dort lebten. Die Kate und ein wenig Umland wurde Soldaten als Lohn überlassen. Der letzte Soldat im Hanahus war Jöns Holmberg, der hier im späten 19. Jahrhundert mit seiner Frau Carolina und zwei Töchtern sein Glück versuchte. Das kleine zur Kate gehörende Feld warf jedoch kaum Ertrag ab. Um zu Überleben wanderte Carolina jeden Morgen und jeden Abend zum acht Kilometer entfernten Haupthof Fulltoftagård, um dort die Kühe zu melken – jeden Tag insgesamt 32 Kilometer. Dazwischen kümmerte sie sich um die eigene kleine Ackerfläche und den Haushalt.

Verzichtet man auf den Abstecher, so setzt sich der Ås till åsleden auf einem Pfad zur **Hanakällan**, auch als Hannas killa bezeichnet, fort. Das Wasser dieser Quelle, das durch einen hellen Sand unablässig emporsteigt und niemals mehr als neun und weniger als drei Grad Celsius misst, soll über wundersame Kräfte verfügen. Für den durstigen Wanderer hängen ein Schopflöffel und Becher bereit. Der Hanaskillebäcken, kurz auch Hanabäcken genannt, entwässert durch einen in einer Senke liegenden, vor allem mit Erlen und Birken bestandenen Quellwald nach Nordwesten. In diesem tritt das nur knapp unter der Erdoberfläche stehende Grundwasser an zahlreichen Stellen zutage, so das sich viele seichte Wasserstellen bilden konnten. Auf Grund des hohen Wertes für den Naturschutz sollte dieses Gebiet nicht betreten werden.

Wenig später gabelt sich der Skåneleden. Geradeaus verläuft der Nord till sydleden weiter in Richtung Süden, während der Ås till åsleden nach links, in Richtung Osten, abbiegt. Auf Waldwegen schlängelt er sich bald darauf unterhalb der Erhebung **Hjällen** entlang. Hier soll einst eine sagenumwobenen Waldfrau, die sogenannte Jällakärringen, gelebt haben. Über ihr Aussehen ist nichts bekannt – doch die Bevölkerung der Region versetzte sie in Angst und Schrecken. Bei Nebel glaubte man, dass die Jällakärringen Waschtag habe; gewitterte es, sagte man: „Nun klopft die Jällakärringen an". Der positive Nebeneffekt dieser Angst war, dass die Wälder in diesem Gebiet teilweise unberührt blieben, was 2011 zur Ausweisung des **Naturreservats Hjällen** führte.

Schließlich erreicht man einen Parkplatz – hier lag früher einmal ein Tanzlokal – , überquert die sich an diesen anschließende wenig befahrene Straße und stößt schließlich, nach etwas mehr als einem halben Kilometer, auf den rot markierten Rundweg Sjömossen. Diesem folgt man nach rechts. Auf einem Bohlenweg durchquert man ein kleines Moorgebiet, das **Sjömossen**, in dem früher Torf gestochen wurde. Mit etwas Glück kann man hier den Rundblättrigen Sonnentau entdecken. Diese Pflanze bezieht ihre Nährstoffe nicht aus dem Boden, sondern aus Insekten. Ein glänzender und duftender Fangschleim lockt kleine Insekten, beispielsweise Mücken und Fliegen, an. Diese werden von dem klebrigen Pflanzensaft festgehalten. Nach etwa einer Stunde bewegen sich die kleinen Tentakeln an den Blattspitzen des Sonnentaus zur Blattmitte hin, bis das Opfer schließlich – nach rund acht bis zwölf Stunden – komplett vom Blatt eingerollt ist. Der Verdauungsvorgang dauert mehrere Tage.

An einer Wegekreuzung befindet sich eine rote und eine orange Markierung nach rechts sowie geradeaus. Man folgt der Markierung, die geradeaus führt (der Abzweig nach rechts führt zum Parkplatz des Sjömossen-Rundwegs und mit der orangen Markierung als Verbindungsweg weiter zum Anschluss an den Nord till sydleden).

Kurz nach der kulturhistorisch interessanten Ruine des Hofes **Stora Åkarp**, dessen Wurzeln sich gesichert bis ins Mittelalter, wahrscheinlich sogar bis in die Wikingerzeit zurückverfolgen lassen, der dann aber in den 40er Jahren des vergangen Jahrhunderts aufgegeben wurde, verlässt der Ås till åsleden auf einem schmalen und kurzzeitig relativ steil ansteigenden Pfad den Sjömossen-Rundweg sowie das Naherholungsgebiet Fulltofta. Fast am höchsten Punkt einer namenlosen Erhebung angekommen stößt man auf einen Forstweg, dem man nach links folgt. Dieser mündet im kleinen Weiler Mannarp in eine wenig befahrene Asphaltstraße, auf der man nach rechts weiterwandert. Nach knapp einem Kilometer biegt man nach links in eine weitere Asphaltstraße ab, die man kurz darauf auf einem schmalen Pfad nach rechts zum **Gräberfeld von Ekeröd** verlässt. Dieses besteht aus sieben nah beieinander liegenden Steinkreisen mit einem Durchmesser von vier bis acht Metern – der größten Dichte von Steinkreisen auf so engem Raum in ganz Skåne. Für gewöhnlich besteht ein Kreis aus fünf, sieben oder neun Steinen. Die Steinkreise haben vermutlich ein Alter von 1.000 bis 1.500 Jahren und würden demnach aus der jüngeren Eisenzeit stammen. Im Schwedischen werden diese Steinkreise als „domarring" („Richterkreis") bezeichnet, was auf die frühere Annahme, dass diese als „Gerichtssäle" genutzt wurden, zurückzuführen ist. Bei Ausgrabungen, unter anderem auch 1935 im Gräberfeld von Ekeröd, hat man jedoch verbrannte Knochen unter den Steinen oder in der Mitte der Ringe gefunden – ein Hinweis darauf, dass es sich bei den Steinkreisen um Begräbnisstätten handelt. Während andere Gräberfelder jedoch reich an Grabbeigaben waren, konnte in Ekeröd lediglich ein Eisenschwert gefunden werden.

Hinter dem Gräberfeld von Ekeröd wurde der Ås till åsleden neu verlegt. Statt zunächst auf der zuvor verlassenen Straße nach Osten zu führen, setzt er sich nun auf einem schmalen Pfad nach Süden fort. Auf diesem erreicht man die Straße, die man zuvor das erste Mal in Mannarp betreten hat. Von dieser zweigt wenig später wieder ein schmaler Pfad nach links ab, der direkt zum **Lagerplatz Ekeröd** führt. Die Schutzhütte liegt in einem schmalen Waldstreifen, Wasserhahn, Toilette (die wohl schönste im gesamten Skåneleden-Netz) und Abfalleimer befinden sich einige hundert Meter weiter nördlich.

Etappe 11: Ekeröd – Timan (13 km)

Vom Lagerplatzes Ekeröd wandert man zunächst über einen schmalen Pfad ostwärts, vorbei an einem bronzezeitlichen Grabhügel. Dieser besteht, wie typisch für die Grabhügel Skandinaviens, lediglich aus Steinen. Die äußere Abgrenzung besteht aus größeren Blöcken, während für die Bedeckung des Steinsargs kleinere Steine genommen wurden. Ebenfalls typisch für Grabhügel ist, dass diese auf Erhebungen errichtet wurden. In der skandinavischen Sagenwelt spielen Grabhügel oft eine Rolle als Heimstätte von Kobolden. Auch von Irrlichtern, die über den Grabhügeln aufsteigen und den Betrachter in diesen hineinziehen, wird erzählt. Man erreicht wieder eine Asphaltstraße, die man nach rechts auf die Auf- und Abfahrt der zur Autobahn ausgebauten E 22 verlässt. Auf dieser überquert man die stark befahrene Straße, die Skåne von Malmö im Südwesten nach Kristianstad im Nordosten durchschneidet. Hier befindet sich auch die Autobahnraststätte **Ekerödsrasten** (www.ekerodsrasten.se). In der Metzgerei sowie im Restaurant wird unter anderem Rindfleisch aus eigener Freilandhaltung angeboten. Ein Motel und ein Campingplatz bieten Übernachtungsmöglichkeiten. Die an der Raststätte befindliche Bushaltestelle Ekeröd wird von der Buslinie Skåneexpressen, die Malmö mit Kristianstad verbindet, mehrmals täglich in beide Richtungen angefahren.

Kurz vor Kylestorp verlässt man die Straße nach links und wandert zunächst auf Forstwegen, dann auf einer wenig befahrenen Straße nach **Torastorp**. Der alte Name dieses kleinen Dorfes, Törastorp, deutet darauf hin, dass viele Einwohner dieser Gegend ihr Geld früher mit dem Stechen von Torf („töra") verdienten. Zwischen Törastorp und Timan passiert der Skåneleden mehrere Moorgebiete, in denen bis heute Spuren des Torfabbaus zu sehen sind. Der Torfabbau diente vor allem der Gewinnung von Brennmaterial. Dafür wurde (und wird zum Teil bis heute) der Torf getrocknet und zu Kugeln gepresst, teilweise aber auch zu Stallstreu mit einem im Vergleich zur Strohstreu deutlich höheren Aufsaugvermögen verarbeitet. Das abgebaute Torf wurde über ein Schienennetz zu einer Seilbahnstation gebracht. Hier wurden die Waggons an die Seilbahn gehängt und mit dieser zum an der heutigen E 22 gelegenen Torfwerk transportiert.

Torastorp liegt am Nordrand des im Gegensatz zum Söderåsen nur sanft ansteigenden Linderödsåsen. Der Aufstieg beginnt auf einem schmalen Wirtschaftsweg, der zur versteckt im Wald liegenden Ruine der Kate von Per Karlsson, seiner Frau Elena und deren fünf Kindern führt. Diese lebten hier während der Wende vom 19. zum 20. Jahrhundert gemeinsam mit zwei Pferden, drei Kühen, einigen Schafen und Hühnern. Auf ihrem Grund bauten sie Hafer, Roggen und Kartoffeln an. Dies reichte für die eigene Versorgung, ein spärliches Einkommen sicherten sie sich mit dem Verkauf von im Wald gesammelten Beeren. Der Hof wurde 1930 versteigert und abgerissen, die brauchbaren Elemente in anderen Häusern verbaut.

Auf einem Waldweg wandert man auf das Moorgebiet Torastorpamossen zu, doch bevor man dieses erreicht, knickt der Ås till åsleden auf einen Trampelpfad scharf nach rechts ab. Hier befindet sich etwa 500 Meter nördlich des Weges, etwas versteckt im Wald gelegen, eine mit zahlreichen großen Steinen übersäte Anhöhe. Diese trägt den Namen **Trollfastan** oder Trollfarstun. Der Legende nach fühlten sich die Trolle des nördlichen Linderödsåsen von den Glocken der im 12. Jahrhundert erbauten Kirche im Ort Linderöd so gestört, dass sie mit Steinen nach ihr warfen. Sogar die jungen Trollmädchen nutzten ihre Strumpfbänder als Steinschleuder. Die Felsblöcke verfehlten jedoch ihr Ziel und schlugen statt in der Kirche von Linderöd auf der Anhöhe Trollfastan ein.

Schaf zwischen Schafgarbe.

In einem Wechsel aus schmalen Pfaden und Waldwegen wandert man nun durch die Wälder des Linderödsåsen. Ein auffälliger Baum ist der **Kärleks-**

trädet (Liebesbaum) an einer Weggabelung auf Höhe des Weilers Torastorp (die Namensgleichheit mit dem zuvor durchquerten Dorf weist auf die historische Zusammengehörigkeit hin). Beim Kärleksträdet handelt es sich um eine mittlerweile im Sterben befindliche Rotbuche, die in früheren Zeiten oft von den frischverliebten Paaren der Region aufgesucht wurde, um durch das Einritzen ihrer Namen in die Baumrinde ihre Liebe zu „verewigen". Diese Ritzungen sind heute so gut wie nicht mehr erkennbar, da der Baumstamm mit Baumpilzen, Moosen und Flechten überwachsen ist.

Etwa einen Kilometer vor Erreichen des Etappenendpunkts liegt rechts des Weges das **Naturreservat Timan**. Der Blick vom Forstweg ist unspektakulär, seine Schönheit offenbart der kleine, im Entstehen befindliche „Urwald" erst, wenn man diesen betritt. Die Wälder bei Timan befanden sich lange im königlichen Besitz, erst Mitte des 18. Jahrhunderts wurden sie unter den umliegenden Weilern aufgeteilt.

Der **Lagerplatz Timan** liegt im Buchenwald eingezwängt zwischen einer wenig befahrenen Landstraße und einem Wochenendhaus. Der Zugang zum Wasser wird im Winter abgestellt, Zeltplätze lassen sich im dichten Wald nur bedingt finden.

Etappe 12: Timan – Rebbetuaröd (21 km)

Man verlässt den Lagerplatz Timan auf einer wenig befahrenen Schotterstraße, durchquert den kleinen Weiler Timan und erreicht schließlich eine Asphaltstraße, den Ilnestorpsvägen. Dieser folgt der Ås till åsleden nach rechts, um nach einem knappen dreiviertel Kilometer nach links auf einen Feldweg abzubiegen. Dieser geht in einen Pfad über, der am Rand des Moorgebiets **Viss mosse** verläuft. Zeitweise erinnert die Umgebung mit zahlreichen toten und umgestürzten Bäumen an einen Urwald. Im sagenumwobenen Moor, das man vom Wanderweg aus nicht sehen kann, wird bis heute Torf abgebaut.

Man erzählt sich, dass im Viss mosse die Kirchturmglocke von Svensköp versenkt liegt, nachdem diese von einem Troll, der den Klang nicht ertagen konnte, geraubt worden war. Eine andere Geschichte erzählt von einem Snapphanar-Unterschlupf auf Kromsö, einer ehemaligen Insel im Moor. Diese war mit einem dichten Wald bewachsen – und somit ein gutes Versteck. Obwohl die Lokalbevölkerung dieses kannte, verrieten sie es aus Angst vor den Snapphanar nicht dem schwedischen Militär. Im Gegenzug verschonten die Snapphanar die umliegenden Dörfer und Gehöfte bei ihren Raubzügen.

Nach der Überquerung einer Weide erreicht der Ås till åsleden eine asphaltierte, wenig befahrene Landstraße. Nach etwa einem Kilometer passiert man Harphult, wo man über einen Hof nach links auf den ebenfalls asphaltierten, aber nur wenig befahrenen Brännestadsvägen quert. Dieser wurde auf einem seit Menschengedenken genutzten, durch die Landschaftsformen im Verlauf vorgegebenen Handelsweg gebaut. Von Harphult bis Brännestad sind es etwa drei Kilometer.

Im Randbereich des Hochmoorgebiets Fjällmossen.

Kurz vor Brännestad zweigt der Kvisslyckevägen nach rechts in den Weiler ab. An einer Gabelung setzt man die Wanderung nach links fort. Hinter einem Hof gabelt sich der Weg erneut. Hier folgt man dem etwas versteckten Feldweg, der nach etwa 350 Metern an einem Parkplatz in einen Spazierweg übergeht, nach rechts. So gelangt man in eine leicht hügelige Heidelandschaft im Osten des Moorgebiets **Fjällmossen**. Fjällmossen – streng genommen handelt es sich um zwei von einer von Westen nach Osten verlaufenden Moräne getrennte Moorgebiete – gilt als das südlichste größere Moorgebiet Schwedens. Besonders das südliche Fjällmossen ist von menschlichen Eingriffen nahezu unberührt. Lediglich im Randbereich wurde in geringem Umfang Torf gestochen, einige wenige künstlich angelegte Kanäle sollten das Hochmoor entwässern. Im Zentrum jedoch erreichen die Torfschichten eine Mächtigkeit von bis zu sechs Metern. Entsprechend ist Fjällmossen ein Teil des von der UNESCO anerkannten Biosphärenreservats Kristianstads vattenrike, der Süden des Moorgebiets steht zudem als Naturreservat Fjällmossen – Viggarum unter besonderem Schutz. Das eigentlichen Moorgebiet erlebt man als Wanderer auf dem Ås till åsleden jedoch nur, wenn man einen Abstecher zum ausgeschilderten, in einem Vogelschutzgebiet liegenden Vogelturm (etwa ein Kilometer hin und zurück) unternimmt. Dies lohnt nicht nur im zeitigen Frühjahr (März/April), wenn dort balzende Birkhühner beobachtet werden können. Das ganze Jahr über bietet sich vom Turm aus ein schöner Blick über das baumlose Hochmoor.

Auf Forstwegen und dem wenig befahrenen Höghultsvägen wandert man auf den Weiler Abullaberga zu. Wo der Höghultsvägen scharf nach links wegknickt, verläuft der Ås till åsleden scharf nach rechts auf einer Forststraße. Von dieser führt ein versteckter Pfad – auch die Markierung ist hier leicht zu übersehen – zum Ryetvägen, der überquert wird. Die Häuser von Abullaberga werden östlich des Weilers passiert. Hier befand sich früher ein Lagerplatz des Ås till åsleden, der jedoch auf Grund von wiederholtem Vandalismus abgebaut wurde.

Südlich von Abullaberga führt der Ås till åsleden durch ein bis vor wenigen Jahrzehnten beweidetes Laubwaldgebiet. Schließlich gelangt man in ein flaches Bachtal, in dem man auf einige Ruinen trifft. Am Bachlauf selbst sieht man die Überreste einer ehemaligen Mühle. An einem Hügel links des Ås till åsleden steht ein gut erhaltenes Kellergewölbe. In diesem wurden die aus der Kaltwasserröste kommenden Leinenfasern zum Trocknen über einem offenen Feuer aufgehangen. Bei der Kaltwasserröste werden die geernteten Leinenpflanzen unter Wasser gelagert. Dadurch lösen sich die Pektine, die die einzelnen Fasern zusammenhalten, durch Bakterien und Pilze auf. Nach der Röste, die nicht zu lange dauern darf, da sonst die Fasern geschädigt werden, können diese einfach voneinander getrennt werden. Früher verspannten die Frauen die Flachsfasern in nächtlicher Heimarbeit zu dünnen, haltbaren Leinenfäden. Die Leinenverarbeitung war bis zur Mitte des 19. Jahrhunderts ein ertragreiches Geschäft, so dass zahlreiche Höfe von blauen Flachsfeldern – so wie heute von gelben Rapsfeldern – umgeben waren. Mit der Einfuhr der billigeren und leichter zu verarbeitenden Baumwolle verschwand dieses Gewerbe dann jedoch nahezu vollständig aus Skåne.

Der Ås till åsleden führt in einem Bogen aus dem Bachtal hinaus auf ein Feld, in dessen Mitte die Ruine eines ehemals großen Hofes steht. Von hier aus wandert man gemütlich für etwa fünf Kilometer über Forst- und Feldwege durch eine abwechslungsreiche Landschaft, bis man schließlich zur Abzweigung kommt, die auf einem schmalen Pfad nach rechts zum **Lagerplatz Rebbetuaröd** führt. Die Schutzhütte liegt am Waldrand, eine große vorgelagerte Wiese bietet ausreichend Möglichkeiten, das Zelt aufzustellen. Das Wasser aus der Pumpe sollte vor dem Verzehr gefiltert werden (hoher Rostanteil), Toilette und Mülleimer befinden sich keine 200 Meter entfernt im weiteren Verlauf des Ås till åsleden.

Abendspaziergang: Kulturhistorisch interessierte Wanderer sollten – trotz der langen vorhergehenden Etappe – abends durchaus noch einen Spaziergang durch den kleinen Ort **Rebbetuaröd** unternehmen, in dem neben der direkt am Ås till åsleden gelegenen Ruine (siehe Etappe 13) eine alte Gewölbebrücke über den Gaddarödsån sowie mehrere Erdkeller zu entdecken sind. Die abwechslungsreiche Landschaft aus Äckern, Weiden und Buchenwäldern rund um Rebbetuaröd ist zudem ein ausgezeichnetes Beobachtungsgebiet für Schmetterlinge – darunter mehrere seltene Arten.

Etappe: 13: Rebbetuaröd – Agusa (6 km)

Die letzte Etappe beginnt mit einer kleinen kulturhistorischen Sehenswürdigkeit, gleich an den Serviceeinrichtungen des Rastplatzes Rebbetuaröd gelegen. Wo der Pfad auf die Schotterstraße Norra Rebbetuarödsvägen trifft, liegt links des Weges die Ruine des Hofes **Rebbetuarödgården**. Dieser wurde 1770 durch Mårten Jönsson erbaut, der Ausbau auf die heutige Größe fand im Jahr 1796 statt. Bis 1939 blieb das Gebäude in Familienbesitz und wurde dann an den nach dem Hof benannten Heimatverein übergeben. 1968 brannte das Gebäude nieder, so dass heute nur noch Ruinen zu sehen sind.

Auf dem Norra Rebbetuarödsvägen wandert man nun nach rechts, überquert die asphaltierte Straße Forsakarsvägen, um direkt danach auf der Schotterstraße Södra Rebbetuarödsvägen erneut in die Wälder des Linderödsåsen einzutauchen. Nach etwa einem Kilometer zweigt nach links ein Forstweg ab, der wiederum nach etwa 800 Metern in einen kurzen Trampelpfad übergeht. Dieser ist stark zugewachsen, teilweise von umgestürzten Bäumen versperrt und wird mehrfach von Wildpfaden gequert. Dies führt dazu, dass die Orientierung kurzzeitig erschwert wird, zumal die

Wegmarkierungen hier auch nur sehr versteckt zu entdecken sind. Dieser Abschnitt ist zum Glück nur kurz, der Pfad mündet bald auf einen Forstweg.

Nun umrundet man den 195 Meter hohen, durch den Wald hindurch nicht sichtbaren **Hallabjär** (den höchsten „Gipfel" des Linderödsåsen, allerdings gibt es weiter nördlich flache Partien, die die 200-Meter-Marke übersteigen). Trotz Warnschildern des schwedischen Militärs lässt sich nicht erahnen, was sich hier fast drei Jahrzehnte lang 25 Meter unter der Erdoberfläche verbarg: Die Zentrale einer Radaranlage, die den Luftraum aller Ostseeanrainerstaaten rund um die Uhr überwachte. Dieses Relikt des Kalten Krieges wurde 1962 erbaut und besteht aus einem 200 Meter langen Tunnel und einem dreieinhalb Stockwerke hohen unterirdischen Gebäude mit einer Grundfläche von etwa 400 Quadratmetern. Der Betrieb wurde nach dem Fall des „Eisernen Vorhangs" im Jahr 1991 eingestellt.

Nach knapp zwei Kilometern auf Forstwegen erreicht man eine Schotterstraße, auf der man nach rechts wandert. Nach etwas mehr als einen halben Kilometer trifft man schließlich auf die Straße Andarumsvägen, auf der nach rechts abgebogen wird. So kommt man in den Weiler Agusa.

Agusa liegt im Übergang zwischen den fruchtigen Äckern des Tieflandes von Skåne zu den zur Holzgewinnung genutzten Wäldern des Linderödsåsen. Hier wurde vor allem Viehwirtschaft betrieben. Dies machte die Abgrenzung der Höfe durch mächtige Steinmauern nötig. Sowohl Höfe wie auch Steinmauern sind in Agusa bis heute außergewöhnlich gut erhalten. Mit dem Mist, der nachts in den Ställen anfiel, wurden die nur kleinen zu den Höfen gehörenden Äcker gedüngt.

Besonders hervorzuheben ist das im frühen 19. Jahrhundert erbaute und heute als Heimatmuseum hergerichtete Fachwerkhaus **Agusastugan**, bestehend aus dem Wohnhaus, einem Stall und einem Erdkeller. Dieses wurde bis 1944 von Anna Mårtensson bewohnt, die Einrichtung blieb jedoch seit ihrer Geburt im Jahr 1873 unverändert und ist ein eindrucksvolles Beispiel für die Lebensumstände der armen Landbevölkerung während der Wende vom 19. ins 20. Jahrhundert. Seit 1946 gehört die Agusastugan dem Albo Härads Hembygdsförening, seit 1963 steht sie unter Denkmalschutz. Als Heimatmuseum ist das Gebäude an Julisonntagen von 13.00 bis 17.00 Uhr geöffnet, individuelle Besichtigungstermine können telefonisch vereinbart werden. Informationen im Internet (nur auf Schwedisch) gibt es unter www.alboharadshembygsfor.se > Agusastugan.

An einem Parkplatz, keine 100 Meter vor der Agusastugan, zweigt der Ås till åsleden auf einer Schotterstraße nach links ab. Nun ist es noch ein knapper Kilometer bis zum Ziel, dem Lagerplatz Agusa. Zuvor quert man noch eine geologische Sehenswürdigkeit: **Jären**, den mit einer Länge von knapp zehn Kilometern zwischen Hörröd im Norden und Andarum im Süden längsten Os in Skåne. Wer seine Wanderung auf dem Österlenleden fortsetzt, wandert in beide Richtungen ab Asarum auf dem Jären.

Das Etappenziel, der **Lagerplatz Agusa**, liegt über einen schmalen Pfad erreichbar oberhalb des mit Rothirschen und Wildschweinen besetzten Wildgatters von Agusa. Das 200 Hektar große Gehege wurde 1973 zu Jagdzwecken errichtet. Außerhalb der Jagdsaison darf dieses jedoch von jedermann betreten werden. Das bejagte Wild ist relativ scheu, doch für ornithologisch interessierte Besucher kann sich ein Spaziergang zum künstlich angelegten See, der sich im Wildgatter befindet, lohnen. Hier brüten unter anderem Singschwäne. Am Wildgatter befindet sich auch die zum Lagerplatz gehörende Infrastruktur.

Östlich und südlich von Agusa liegt das **Naturreservat Verkeån Agusa – Hallamölla**, das einen Abstecher (oder die Fortsetzung der Wanderung über den Österlenleden) wert ist.

Der Lagerplatz Agusa ist erreicht.

Rückreise/Fortsezung der Wanderung ab Agusa

Leider gestaltet sich die Rückreise ab Agusa, sofern man nicht weiterwandern möchte, als schwierig.

Von der Hauptstraße aus besteht an Werktagen frühmorgens die Möglichkeit, mit einem Anrufsammeltaxi in Agusa abgeholt zu werden. Dieses muss unter der Telefonnummer 0771/774499 am Vortag, bei mehr als vier Personen bereits drei Arbeitstage vor dem Abreisetag, bestellt werden. Das Anrufsammeltaxi fährt die Passagiere zu den Bushaltestellen „Brösarp Östra" und „Brösarps bussterminal", von wo aus Anschluss an den Bus Skåneexpressen 3 besteht, der Kristianstad und Simrishamn – beide Städte haben Zuganschluss nach Malmö – miteinander verbindet.
Deutlich schöner und organisatorisch einfacher ist es jedoch, die Wanderung ab Agusa auf dem Österlenleden (Skåneleden 4) fortzusetzen. Dies erfordert allerdings mindestens einen weiteren Wandertag. Ab Agusa gibt es zwei Optionen.

Der kürzeste Weg ist die Etappe 7C des Österlenleden. Von Agusa aus wandert man zunächst in Richtung Norden entlang des Os Jären bis zur kleinen Ortschaft Hörröd. In Hörröd besteht die Möglichkeit, auf dem Gelände des Hörröds Fritidscenter HB (www.horrodsfritidscenter.se) eine Hütte zu mieten oder das Zelt aufzustellen. Über wenig befahrene Nebenstraßen wandert man weiter in die Ferienhaussiedlung S Lökaröd. Wenig später wird das Naturreservat Drakamöllan durchquert, in dem das Drakamöllans gårdshotell (www.drakamollan.se) in zwölf individuell eingerichteten Zimmern Übernachtungen anbietet. Nach insgesamt 16 Kilometern erreicht man schließlich das Etappenziel Torparebron. Von der dort gelegenen Bushaltestelle „Brösarp Torparebron" aus hat man Busanschluss mit dem Skåneexpressen 3 nach Kristianstad und Simrishamn, alternativ kann man die Wanderung auf dem Österlenleden auch weiter fortsetzen.

Ab Agusa in Richtung Süden wandernd ist es zwar etwas länger bis Torparebron (21 Kilometer), aber auch deutlich abwechslungsreicher. Die Wanderung verläuft nahezu ununterbrochen durch die Naturreservate Verkeån Agusa – Hallamölla und Verkeån I. Zu Beginn legt man einen Teil der Wanderung in stetigem Auf und Ab auf dem Jären zurück, danach setzt sich der Österlenleden (Etappen 7B, 7 und das letzte Drittel der Etappe 6) immer in Nähe des Verkeåns fort. Als interessante Sehenswürdigkeiten liegen das aufgegebene Alaunwerk in Andarum (mit dem ältesten noch in

Betrieb befindlichen Café Skånes), die Mühle Hallamölla sowie die Hügellandschaft Brösarps norra backar am Weg. Übernachtet werden kann in den von Christinehofs ekopark verwalteten Ferienhäusern Trädgårdsmästarbostaden, Klangs hus und Albostugan (neun Kilomter ab Agusa, www.christinefofsekopark.se), am Lagerplatz Verkasjön (ebenfalls neun Kilometer ab Agusa, etwas abseits des Hauptwegs am Angelsee Verkasjön gelegen, die Schützhütte befindet sich noch vor Erreichen des Sees auf der linken Seite des Weges, die Zeltplätze auf einem Picknickplatz oberhalb des Seeufers, das Trinkwasser kann dem See entnommen werden, sollte vor dem Verzehr jedoch abgekocht oder gefiltert werden) sowie im Tal des Verkeåns bei Väntalängan (16 Kilometer ab Agusa, nur Zeltplätze, das Wasser aus der Wasserpumpe sollte vor Verzehr abgekocht oder gefiltert werden).

Am Etappenpunkt Verkasjön kann die Wanderung zudem auf dem Österlenleden zunächst in Richtung Westen, dann in Richtung Süden bis Ystad fortgesetzt werden (64 Kilometer, fünf Etappen, keine Möglichkeit, die Wanderung vorzeitig abzubrechen). Auch von Torparebron aus besteht die Möglichkeit die Wanderung über den Österlenleden entlang der Küste bis Ystad zu verlängern (88 Kilometer, sechs Etappen, es gibt zahlreiche Möglichkeiten, die Wanderung abzubrechen und in Bus oder Zug umzusteigen).

Anreise

Mit dem PKW

Südschweden ist auf vielen Wegen mit dem PKW erreichbar. Für Reisende aus dem Westen Deutschlands besteht ab Hamburg die Möglichkeit, Skåne auf dem Landweg zu erreichen. Dazu fährt man auf der A7/E45 in Richtung Norden nach Dänemark. Nördlich von Kolding setzt man die Fahrt über die E20 in Richtung Osten fort. Über die mautpflichtige Storebæltbron (www.storebaelt.dk > Deutsch) kommt man auf die Insel Sjælland (Seeland). Die E20 nähert sich der dänischen Hauptstadt København (Kopenhagen), biegt jedoch kurz vor Erreichen dieser auf die ebenfalls mautpflichtige Øresundsbron (www.oresundsbron.com) ab. Auf schwedischer Seite befindet man sich nun im Großraum Malmö.

Über die A1/E47 ab Hamburg nordwärts muss eine Fähüberfahrt eingebaut werden. Entweder mit TT-Line (www.ttline.com) von Travemünde nach Trelleborg. Von hier folgt man der E6 nach Malmö. Finnlines (www.finnlines.com) fährt ab Travemünde direkt nach Malmö. Über die Vogelfluglinie bedient Scandlines (www.sacndlines.de, bietet auch die Überfahrt aus dem dänischen Helsingør ins schwedische Helsingborg an) die Strecke von Puttgarden ins dänische Rødby. Von hier setzt man die Fahrt auf der E47 (ab Nykøbing Falster auch E55) bis Køge fort, wo man auf die E20 trifft.

Aus Ostdeutschland erfolgt die Anreise am günstigsten über den Fahrhafen Rostock. Scandlines fährt von hier ins dänische Gedser. Die Weiterreise erfolgt über die E55 (ab Nykøbing Falster auch E47) nach Køge, von dort der E20 folgend nach Malmö. TT-Line und Stena Line (www.stenaline.de) verbinden Rostock mit Trelle-borg.

Für Reisende aus dem äußersten Osten Deutschlands besteht zudem die Möglichkeit, aus dem polnischen Swinoujscie (Svinemünde) mit TT-Line nach Trelleborg oder mit Polferries (www.polferries.de) nach Ystad überzusetzen. Letztere Variante bietet sich vor allem an, wenn man das Auto am Ende des Ås till åsleden stehen lassen möchte.

Ab Malmö folgt man der E6 bis Helsingborg, biegt dann auf die E4 in Richtung Stockholm. Auf dieser bis zur Ausfahrt „Åstorp S" und der Ausschilderung nach Åstorp. Parken kann man unter anderem am Start des Ås till åsleden in Tingvalla. Allerdings sollte berücksichtigt werden, dass das

Auto hier unbewacht steht und die Rückreise mit Bu und Zug ab Agusa/Ystad nach Åstorp relativ umständlich ist.

Mit dem Zug

Die Anreise mit dem Zug ist durch das Angebot diverser Sparangebote sehr attraktiv geworden (www.bahn.de > Angebotsberatung > Europa-Spezial ab 39 Euro > Schweden). Der dänische Hauptstadtbahnhof, København H, ist mit dem Nachtzug aus Basel (deutsche Haltepunkte sind Basel Bad, Offenburg, Karlsruhe, Mannheim, Frankfurt/Main, Fulda), Amsterdam (mit Halt in Emmerich, Duisburg, Düsseldorf, Köln, Wuppertal, Dortmund, Hamm/Westfalen, Bielefeld) und Prag (Zusteigemöglichkeiten in Bad Schandau, Dresden und Berlin) erreichbar. Ab Hamburg werden die drei Kurswagen zusammengefügt, weitere Haltepunkte vor Überquerung der Grenze zu Dänemark sind Neumünster und Flensburg. Allerdings wird diese Verbindung zum Fahrplanwechsel im Dezember 2014 auf Grund von Baurabeiten in Dänemark eingestellt, über eine Wiederaufnahme nach Abschluss dieser ist derzeit noch nichts bekannt.

København H wird zudem mehrmals täglich mit Fernverkehrszügen ab Hamburg angefahren. Von København setzt man die Anreise dann mit den Nahverkehrszügen von Skånetrafiken (www.skanetrafiken.se) fort. Entweder über die Øresunds-bron nach Malmö und weiter nach Helsingborg, oder auf dänischer Seite des Öresunds nach Helsingør und von dort mit der Fähre (der Fahrtpreis ist im Zugticket enthalten) nach Helsingborg (beide Bahnhöfe liegen direkt am Hafen). Von dort weiter nach Åstorp.

Die schwedische Zuggesellschaft Snälltåget bietet zudem an ausgewählten Terminen mit dem Berlin Night Express (www.berlin-night-express.com) eine Nachtzugverbindung von Berlin nach Malmö an (keine Zusteigemöglichkeiten). Dabei erfolgt die Nachtfahrt innerhalb Deutschlands, von Sassnitz nach Trelleborg erfolgt der Transport mit den Fähren von StenaLine. Die Ankunft in Malmö erfolgt am frühen, die Rückreise beginnt am späten Nachmittag.

Mit dem Flugzeug

Der nächstgelegene internationale Flughafen, der aus verschiedenen deutschen Städten angeflogen wird, ist Københavns Lufthavne (CPH, www.cph.dk). Dieser ist an die Zugverbindung zwischen København und Malmö angeschlossen.

Die schwedischen Flughäfen Malmö (MMX, www.svedavia.com/malmo) und Kristianstad Österlen Airport (KID, www.kidairport.com) sind nur über Umsteigeverbindungen aus dem deutschsprachigen Raum erreichbar. Sie fungieren lediglich für Inlandsflüge nach Stockholm sowie Charterflüge in die bekannten Urlaubsregionen am Mittelmeer, von Malmö aus kommt man zudem nach Osteuropa und in den Irak.

Ausrüstung

Da man sich bei einer Wanderung auf dem Ås till åsleden immer nah an der „Zivilisation" bewegt und ein Abbruch nahezu jederzeit möglich ist, reicht eine einfache Grundausrüstung. Diese sollte aus bequemem Schuhwerk – feste Turnschuhe sind durchaus ausreichend – , schnell trocknender Kleidung und Regenschutz bestehen. Ersatzkleidung und Menge der Verpflegung (hinweise zum Kauf von Verpflegung unterwegs finden sich in den jeweiligen Etappenbeschreibungen) – und damit letztendlich die Größe des Rucksacks – richten sich nach der geplanten Wanderzeit.

Obwohl die Lagerplätze grundsätzlich den „Komfort" von Wetterschutzhütten, in denen man durchaus übernachten kann, anbieten, lohnt die Mitnahme eines eigenen Zelts. Man hat so gleichzeitig etwas mehr Unabhängigkeit im Gepäck (wobei das Übernachten auf Basis des Jedermannsrechts entlang des Ås till åsleden nur an wenigen Stellen problemlos möglich ist), zudem einen zusätzlichen Schutz gegen Mücken (die in Skåne jedoch in deutlich geringerer Anzahl auftreten als im Norden von Schweden) und Kälte. Nicht zuletzt kann man mit Zelt deutlich flexibler auf durch andere Wanderer besetzte Windschutzhütten reagieren.

Für die Übernachtungen sollten Isomatte und Schlafsack nicht im Rucksack fehlen. Als Schlafsack reicht ein Modell, dass man für die geplante Reisezeit auch in Deutschland nutzen würde.

Wie in den Etappenbeschreibungen erwähnt, empfiehlt sich unter Umständen die Mitnahme eines Wasserfilters. Auch sollte eine Taschenlampe nicht im Gepäck fehlen – auch wenn die Tage in Südschweden in den Sommermonaten deutlich länger sind als im Süden Deutschlsnds, so ist man doch noch mehrere hundert Kilometer von einer natürlichen 24-Stunden-Beleuchtung entfernt.

Einreise

Schweden ist Mitglied der Europäischen Union (EU) und hat das Schengener Abkommen unterzeichnet. Für die Einreise nach Schweden reicht für Staatsbürger der EU sowie der Schweiz bei einem maximal dreimonatigen Aufenthalt ein mindestens noch drei Monate gültiger Personalausweis, bei Kindern der Kinderausweis, aus.

Geld

Zahlungsmittel in Schweden ist die Schwedische Krone (eine Krone besteht aus 100 Öre). Preise werden in der Regel zu Gunsten des Kunden auf halbe oder volle Kronenbeträge abgerundet. Es gibt Münzen zu 50 Öre, einer, fünf und zehn Kronen, sowie Geldscheine im Wert von 20, 50, 100 und 500 Kronen.

Die Zahlung mit Kreditkarten ist in Schweden nichts Außergewöhnliches. Selbst kleinste Beträge kann man im Geschäft bargeldlos zahlen (wobei es sich empfiehlt, die Geheimzahl parat zu haben, bei Zahlung mit Unterschrift wird die Vorlage des Personalausweises erwartet), Park- und Fahrscheinautomaten ebenfalls. In Bussen wird aus Sicherheitsgründen sogar nur oft noch die Kreditkarte als Zahlungsmittel akzeptiert – ohne hängt die Mitfahrmöglichkeit oft von der Kulanz des Fahrers ab (auf die man nicht unbedingt hoffen sollte).

Hunde

Die Mitnahme von Hunden nach Schweden ist mittlerweile problemlos möglich. Der Hund benötigt für die Einreise eine D-Kennzeichnung mit Mikrochip (eine deutliche Tätowierung reicht nur bei Tieren, deren Tätowierung vor dem 3. Juli 2011 vorgenommen wurde), die Impfung gegen Tollwut mit einem zugelassenen Impfpräparat entsprechend den Empfehlungen des Impfherstellers sowie die Dokumentation aller notwendiger Maßnahmen durch den Tierarzt im Haustierpass. Impfungen gegen Leptospirose und Hundestaupe sind nicht vorgeschrieben, werden jedoch empfohlen.

Ausführliche und stets aktuell gehaltene Informationen zur Einreise mit Hunden nach Schweden erhält man auf der Homepage des Schwedsichen Amts für Landwirtschaft unter www.jordbruksverket.se > English/Deutsch > Animals > Travelling with dogs or cats to Sweden.

Wichtig: Das Jedermannsrecht ist kein „Jederhundsrecht"! In Schweden ist es üblich, Hunde außerhalb von Privatgrundstücken an der Leine zu führen, vom 1. März bis zum 20. August (in manchen Kommunen auch ganzjährig), in Naturschutzgebieten und auf Weiden gibt es eine Anleinpflicht (manchmal auch ein Hundeverbot). Auch außerhalb dieser Zeiträume und Gebiete muss der Hund vollständig unter Kontrolle stehen und darf anderen Tieren oder Menschen keinen Schaden zufügen. Nicht angeleinte Hunde dürfen im Zweifelsfall vom Grundbesitzer erschossen werden. Um Konflikten auszuweichen, sollte der Hund während der Wanderung daher ständig an der Leine geführt werden. Darüber hinaus gibt es für fast alle Badestrände ein zumindest saisonales Verbot zum Mitführen von Hunden.

In öffentlichen Verkehrsmitteln ist die Mitnahme von Hunden eingeschränkt. In Zügen gibt es spezielle Haustierabteile („pälsdjur"), außerhalb derer sich die Hunde nicht aufhalten dürfen. In Bussen wird den Haltern vom Fahrer ein Platz zugewiesen. Allerdings besteht kein Beförderungsanspruch, sollten sich andere Mitreisende über den Hund beschweren.

Jedermannsrecht

In Schweden gibt es ein seit Jahrhunderten in Gebrauch befindliches Recht zur freien Nutzung der Natur, das Jedermannsrecht („Allemansrätten"). Dieses Recht ist ein Gewohnheitsrecht, das erst in den letzten Jahrzehnten verschriftlicht wurde. Das Jedermannsrecht umfasst auch eine Jedermannspflicht. Leider wurden diese Pflichten in den letzten Jahren – wahrscheinlich oft aus Unwissenheit – missachtet, was dazu geführt hat, dass das Jedermannsrecht teilweise eingeschränkt wurde. Und weitere Freiheiten, die jedem Nutzer der schwedischen Natur eingeräumt werden, stehen in der Diskussion. Deshalb sollte man im eigenen, aber auch im Interesse anderer Reisenden (und der schwedischen Bevölkerung), sich unbedingt an die Regeln des Jedermannsrecht halten!

In vier Worten lässt sich das Jedermannsrecht mit „Nicht stören, nicht zerstören" zusammenfassen. Ausführlicher betrachtet bedeutet dies für eine Wanderung auf dem Ås till åsleden vor allem folgendes:

- Man darf sich frei in der Natur bewegen. Schonungen und Ackerflächen sind jedoch davon ausgenommen. Auch deutlich erkennbare Privatgrundstücke werden umgangen.

- Man darf das Zelt für eine Nacht im Gelände aufstellen – natürlich außerhalb der Flächen, die man grundsätzlich nicht betreten sollte. Als Faustregel gilt außerdem, dass das Zelt außer Sichtweite von Häusern augebaut werden sollte. Sollte man mit einer Gruppe oder für mehrere Nächte an einem Ort bleiben wollen, so ist die Genehmigung des Grundeigentümers einzuholen.
- Müll wird grundsätzlich mitgenommen.
- Lagerfeuer sind erlaubt. Allerdings nur, wenn kein Feuerverbot besteht (dieses wird unter anderem durch die lokalen Medien bekanntgegeben – Nichteinhaltung wird mit hohen Geldstrafen geahndet) und ein geeigneter Platz dafür ausgewählt wurde. Als generell ungeeignet gelten Felsen, da diese durch die Hitze zerspringen können. Für das Feuer darf nur am Boden liegendes Holz von abgestorbenen Bäumen verwendet werden, das Fällen von Bäumen sowie das Abreißen von Ästen oder Rinde von lebenden Bäumen ist untersagt. Beim Verlassen muss das Feuer vollständig verloschen sein, sichtbaren Spuren sollten nicht hinterlassen werden.
- Blumen, Beeren und Pilze dürfen gesammelt werden. Allerdings gibt es Pflanzen, die lokal, regional oder national unter strengem Naturschutz stehen. Diese dürfen generell nicht gepflückt werden.
- Jagd und Angeln sind kein Bestandteil des Jedermannsrecht. Wer während der Wanderung auf dem Ås till åsleden angeln möchte, kann dies nach dem Erweb einer zeitlich und räumlich begrenzten Angellizens (diese gibt es überall dort, wo ein Schild „Fiskekort" darauf hinweist, zum Beispiel an Campingplätzen und Tankstellen) trotzdem tun.

Das Jedermannsrecht gilt nicht nur an Land, sondern auch auf dem Wasser. Für Wanderer bedeutet dies vor allem, dass in allen Gewässern geschwommen werden darf. Dafür darf auch auf Bootsstege zurückgegriffen werden.

Allerdings kennt das Jedermannsrecht auch Einschränkungen. So gilt dieses nicht für motorisiert Reisende. Und auch in den meisten Naturschutzgebieten gelten gesonderte Regelungen, die jeweils entsprechend ausgewiesen werden.

Eine deutschsprachige Informationsbroschüre über die Rechte und Pflichten in der schwedischen Natur lässt sich kostenlos unter www.naturvardsverket.se > Vår natur > Allemansrätten > På andra språk > Tyska herunterladen.

Kinder

Schweden ist ein kinderfreundliches Land. Vor allem dürfen Kinder in Schweden das, was bei uns nur all zu oft verboten ist: Sich frei in der Natur bewegen. Von daher ist eine Wanderung auf dem Ås till åsleden auch für wanderfreudige Kinder ein Erlebnis. Als besonders geeignet erweisen sich dabei die abwechslungsreichen Etappen auf dem Söderåsen (zwischen Åstorp und Röstånga).

Landkarten

Für eine Wanderung auf dem Ås till åsleden erweist sich die von Stiftelsen Skånska Landskap in Zusammenarbeit mit Stiftelsen för fritidsområden i Skåne herausgegebene und im Internet unter www.skaneleden.se > Beställ kartor > Map of Skåneleden Trail 3 Ås till Åsleden bestellbare Wanderkarte „Skåneleden Ås till åsleden" im Maßstab 1:50.000 als vollkommen ausreichend. Diese zeigt den Verlauf des Ås till åsleden mit der direkten Umgebung, ergänzt mit touristischen und nützlichen Hinweisen (z.B. Einkaufs- und Übernachtungsmöglichkeiten, Lager- und Rastplätze, etc.).

Auch auf der vom staatlichen Landesvermessungsamt Lantmäteriet herausgegebenen Terrängkarta im Maßstab 1:50.000 ist der Ås till åsleden eingezeichnet. Diese enthalten jedoch deutlich weniger touristische Informationen, haben dafür ein angenehmer zu lesendes Kartenbild und decken eine weitere Umgebung neben dem Ås till åsleden ab. Für eine Wanderung auf dem Ås till åsleden benötigt man die Kartenblätter „507 Helsingborg" (Etappe 1, Åstorp bis Hålebäck), „508 Perstorp" (Etappen 2 bis 10, Hålebäck bis Naherholungsgebiet Fulltofta etwa anderthalb Kilometer hinter dem Lagerplatz Bjeveröd), „505 Eslöv" (Etappen 7 bis 12, Naherholungsgebiet Frostavallen ab Bjäret bis Viss mosse) sowie „506 Åhus" (Etappen 12 und 13, Viss mosse bis Agusa, sowie Anschluss Österlenleden bis Kivik/Nationalpark Stenshuvud). Diese Karten können im Internet zum Beispiel über www.kartbutiken.se und www.geobuchhandlung.de bestellt werden.

Wer sich mit GPS orientiert, kann sich unter www.skaneleden.se > In English > The Trail > SL 3 Ås-åsleden unter der jeweiligen Etappenbeschreibung die dazugehörigen GPX-Dateien kostenlos herunterladen.

Reisezeit

Der Ås till åsleden ist im Grunde genommen ein ganzjährig geeignetes Reiseziel. Die Winter ähneln denen in Norddeutschland, wobei der Schnee auf den Höhenzügen und im Landesinneren durchaus in größeren Mengen fallen und länger, bis in den März hinein, liegen bleiben kann. In dieser Zeit kann die Orientierung durch überschneite Wege und Markierungen schwer fallen. Das Frühjahr (Mai/Anfang Juni) sind die vielleicht geeignetsten Monate. Die Natur erwacht mit frischem Grün, zahlreichen blühenden Pflanzen und einem vielstimmigen Vogelkonzert. Im Juni sind die Tage am längsten – man ist jedoch noch weit entfernt von der Mitternachtssonne, so dass auch in dieser Jahreszeit eine Taschenlampe durchaus ins Gepäck gehört. Juli und August sind die klassichen Ferienmonate – entsprechend „voll" kann es auch am Ås till åsleden werden. Im Herbst färben sich die Laubwälder, es beginnt jedoch auch die Jagdsaison. In den Monaten September und Oktober, teilweise bis in den November hinein, sollte daher mit besonderer Vorsicht und Rücksicht gewandert werden – zum einen, um die Jagden nicht zu stören, zum anderen ist es auch nicht wirklich ein Vergnügen, in eine Treibjagd hineinzugeraten.

Sicherheit

Schweden ist ein sehr sicheres Reiseland. Zwar gibt es auch hier Autoauf- und Wohnungseinbrüche, aber abseits der Städte bewegt man sich noch in fast paradiesischen Zuständen. Dies sollte auf der anderen Seite aber auch nicht zu all zu viel Fahrlässigkeit verleiten.

Ein erhöhtes Risiko besteht für Wanderer durch Zeckenbisse. Diese übertragen mehrere Krankheiten wie die Borreliose (keine Impfung möglich, aber sehr gute Heilungschancen bei rechtzeitiger Erkennung und Behandlung mit Antibiotika) und FSME (eine Impfung ist dringend zu empfehlen, da es keine sichere Behandlung gibt).

Sprache

Landessprache in Schweden ist Schwedisch. Mit ein wenig Sprachgefühl ist es relativ einfach, die Sprache – zumindest schriftlich und in Ansätzen – zu verstehen. Neben der Tatsache, dass sich die Aussprache häufig von der Schreibweise unterscheidet, wird in Skåne zudem ein Dialekt gesprochen, der selbst von vielen Schweden nur schwer verstanden wird. Fast alle Schweden sprechen sehr gut Englisch, viele auch Deutsch. Trotzdem lohnt es sich, sich zumindest einen Grundwortschatz anzueignen, wird die Verwendung von einigen schwedischen Sätzen oder Ausdrücken von den Schweden doch sehr positiv bewertet und kann damit durchaus auch als Türöffner dienen. Einige wichtige Vokabeln/Sätze:

Ja.	-	Ja.
Nein.	-	Nej.
Hallo/Guten Tag!	-	Hej!
Tschüß/Auf Wiedersehen!	-	Hej då!
Entschuldigung.	-	Förlåt/Ursäkta.
Ich spreche kein Schwedisch.	-	Jag talar inte svenska.
Sprechen Sie Deutsch/Englisch?	-	Talar du tyska/engelska?

Das schwedische Alphabet kennt einen im Deutschen nicht verwendeten Buchstaben: Å/å („o" ausgesprochen). Dieser steht am Ende des Alphabets, das mit „Ä" und „Ö" endet. Namen/Worte mit diesen Buchstaben werden entsprechend, anders als im Deutschen, an der entsprechenden Position in alphabetischen Verzeichnissen einsortiert.

Übernachten

Skåne ist, wie bereits mehrfach erwähnt, relativ dicht besiedelt. Dies bringt auch eine relative Dichte an professionell geführten Unterkunftsmöglichkeiten mit sich. Allerdings umgeht der Ås till åsleden diese oft, im Sommer sind darüber hinaus viele der Unterkünfte belegt. Es empfiehlt sich daher auf jeden Fall, ein eignes Zelt mitzunehmen. Zwar ist theoretisch die Übernachtung auch in den Schutzhütten am Ende der einzelnen Etappen möglich, doch können diese auch durch andere Wanderer belegt sein oder die Nachtruhe durch Mücken erheblich gestört werden.

Das Übernachten im Zelt ist – unter Berücksichtigung des Jedermannsrecht – theoretisch entlang des gesamten Ås till åsleden möglich. Allerdings bieten sich nur wenige Plätze mangels geeigneter Stellplätze, fehlendem Trinkwasserzugang oder durch Verbote in Schutzgebieten wirklich zur Übernachtung an. Letztendlich empfiehlt es sich daher, die Etappenplanung an Hand der vom Wegverlauf vorgegebenen und in diesem Buch genutzten Etappeneinteilung vorzunehmen.

Wo Übernachtungsmöglichkeiten abseits der jeweiligen Etappenziele existieren, ist dies in der jeweiligen Etappenbeschreibung erwähnt.

Verpflegung

Auch wenn die Lebensmittelpreise in Schweden ein wenig über dem deutschen Niveau liegen, empfiehlt es sich aus Gewichtsgründen, nicht die gesamte Verpflegung für die Wanderung auf dem Ås till åsleden bereits aus Deutschland mitzubringen. Unterwegs bestehen mehrere Möglichkeiten, Lebensmittel nachzukaufen (Hinweise dazu in den jeweiligen Etappenbeschreibungen). Viele Geschäfte haben auch sonntags und feiertags geöffnet.

Wer während der Wanderung auf dem Ås till åsleden jedoch nicht auf Alkohol verzichten möchte, wird vor ein Problem gestellt. Die normalen Lebensmittel#geschäfte dürfen nur Bier bis maximal 3,5 Vol.-% Alkohol verkaufen. Alle anderen alkoholischen Getränke erhält man lediglich im „Alkoholfachhandel", dem Systembologet. Dieser hat deutlich eingeschränkte Öffnungszeiten und das Preisniveau übersteigt das deutsche erheblich. In kleinen Orten ist der Systembolaget oft an den Supermarkt oder eine Tankstelle angeschlossen, die Ware muss jedoch vorbestellt werden. Auch nicht alle Gaststätten verfügen über eine Lizenz zum Ausschank von stärkeren alkoholhaltigen Getränken. Das Mindestalter für den Kauf alkoholischer Getränke beträgt 20 Jahre und wird streng kontrolliert.

Das Essen in Gaststätten ist oft teurer als in Deustchland. Eine Empfehlung ist jedoch das „Dagens rätt" („Gericht des Tages"), das wochentags zur Mittagszeit angeboten wird und für einen relativ kleinen Preis ein sättigendes Mittagessen umfasst. Nicht täuschen lassen sollte man sich von dem Wort „restaurant" – hier kann es sich auch um einfache Imbisse handeln.

Auf einer einsamen Landstraße betritt man das Naherholungsgebiet Klåveröd (Etappe 2).

Platz für eigene Notizen

Platz für eigene Notizen